Traugott Messner (Hrsg.)

Wie viel Macht haben die Mächte?

Die Herausforderung durch Okkultismus und neue Religiosität

Beiträge aus dem
Albrecht-Bengel-Haus, Tübingen

R. BROCKHAUS VERLAG WUPPERTAL

Die THEOLOGISCHE VERLAGSGEMEINSCHAFT (TVG)
ist eine Arbeitsgemeinschaft der Verlage
R. Brockhaus Wuppertal und Brunnen Gießen.
Sie hat das Ziel, schriftgemäße Arbeiten
zu veröffentlichen.

Die Deutsche Bibliothek - CIP-Einheitsaufnahme:
Ein Titeldatensatz für diese Publikation ist bei
Der Deutschen Bibliothek erhältlich.

Umschlaggestaltung: Dietmar Reichert, Dormagen
Druck: Breklumer Druckerei Manfred Siegel KG
ISBN 3-417-29089-9
Bestell-Nr. 229 089

Vorwort

„Gibt es einen Teufel?“ Und wenn ja: „Wieviel Macht hat er?“
Auch in der christlichen Kirche werden diese Fragen sehr unterschiedlich beantwortet. Existiert für die einen der Teufel überhaupt nicht mehr, sehen sich andere genötigt, eine bis ins Detail durchüberlegte Kriegs- und Kampfstrategie gegen den Teufel und seine Dämonen zu überlegen, um diesen Feind zu besiegen und nicht in seine Fänge zu geraten.
Die Verunsicherung ist groß und viele Christen fragen sich: „Was sagt denn die Bibel dazu? Wie sollen wir uns dazu verhalten?“ Selten wird dieses Thema im Bereich der Kirche aufgegriffen. In der wissenschaftlich theologischen Diskussion wird diese Frage kaum noch gestellt, weil sie längst überholt und für einen aufgeklärten Theologen nicht mehr relevant erscheint. Mit dem „neuen“ Weltbild und der absoluten Autorität der Vernunft wurde das „alte“ Weltbild und damit auch die Vorstellung des Bösen in der Gestalt des Teufels abgelegt und endgültig in den Bereich des Mythologischen und des Märchenhaften verwiesen; das „entdämonisierte Weltbild“ beherrscht nun die Welt.
Die moderne Gesellschaft jedoch zeigt auffallend großes Interesse an Teufel, Götzen und Dämonen. Der Totgeglaubte und Totgeschwiegene erweckt großes Interesse, zieht viele Menschen in seinen Bann und lässt sie Unheimliches erleben. Nach Umfrageergebnissen aus dem Allensbacher Institut nimmt der Glaube an die Existenz des Teufels in den letzten Jahren kontinuierlich zu.
Auch in charismatisch geprägten Gemeinden spielen der Teufel und seine Dämonen eine große Rolle und seine Existenz wird selbstverständlich vorausgesetzt. Im Gegensatz zur „okkulten Welle“, wird hier aber gegen den Teufel und seine Dämonen gekämpft. Dieser Kampf bekommt im Leben dieser Gemeinden oft eine Schlüsselposition. Hinter vielen Schwierigkeiten werden Dämonen vermutet, die es auszutreiben gilt; auch sonst wird mit sehr unterschiedlichen und zum Teil fragwürdigen Mitteln und Methoden gegen den Teufel vorgegangen.
Was die die Bibel zur Existenz des Bösen sagt, wie Jesus mit den Mächten umgegangen ist und wie wir heute als Christen diese Mächte einzuordnen und geistlich verantwortlich damit umzugehen haben,

darauf will dieses Buch mit seinen Beiträgen zu den verschiedenen Fragestellungen Orientierung und Antwort geben.
Die Verfasser der einzelnen Beiträge gehen bei der Behandlung dieses Themas „Wieviel Macht haben die Mächte?“ so vor, dass zunächst einzelne grundsätzliche Fragestellungen vor dem Hintergrund biblischer Aussagen betrachtet und darüber hinaus aktuelle Herausforderungen aufgegriffen werden.
Rolf Hille stellt in seinem Artikel „Die Macht des Bösen“ eine biblisch-theologische Grundlegung über die Macht des Bösen dar angefangen von der Lehre des Satans bis hin zur Frage nach der Überwindung des Bösen. In seinem zweiten Beitrag setzt er sich mit dem Bösen im Horizont der Philosophie- und Religionsgeschichte auseinander.
Hartmut Schmid untersucht das Verhältnis von Gott, Götter und den Götzen vor dem Hintergrund der Auseinandersetzung, in die das Volk Israel gestellt war.
Martin Flaig geht im Neuen Testament der Frage nach wie Jesus der Macht des Teufels begegnet, insbesondere im Kontext der Heilungen Besessener Kranker. Außerdem zeigt er auf, was Christsein angesichts der Wirklichkeit des Bösen bedeutet.
Volker Gäckle untersucht aufgrund der korinthischen Streitigkeiten um das Essen von Götzenopferfleisch die Nichtigkeit der Götzen und die Realität der Dämonen bei Paulus.
In einem zweiten Teil des Buches geht Eberhard Hahn der Frage nach, wie Christsein im Spannungsfeld der Mächte gelebt werden kann und welche Bedeutung die Absage an den Teufel für den christlichen Glauben hat. In einem weiteren Beitrag beschäftigt er sich mit dem Umgang des Bösen im Rahmen der charismatischen Bewegung.
Wie in der Seelsorge ein geistlich verantwortbarer Umgang mit den Mächten aussehen kann, z.B. bei Menschen, die unter okkulten Belastungen leiden und ob überhaupt, wann und wie ein „Exorzismus“ zu verantworten ist, darüber schreibt Traugott Messner.

Beim Verfassen dieser Beiträge war den Autoren bewusst, dass sie sich mit diesem Thema einer nicht gerade leichten Herausforderung gestellt haben. Der Grat zwischen einer „entdämonisierten“ und einer „total dämonisierten“ Sichtweise der Macht des Bösen ist ein schmaler.

In der Hoffnung diesen Grat gefunden zu haben, will auch der vierte Band der „Beiträge aus dem Albrecht-Bengel-Haus“ auf aktuelle Herausforderungen an unserern Glauben — von welchen Seiten auch immer — von dem Wort Gottes her Orientierung und Antwort geben und uns des Glaubens an den gekreuzigten und auferstandenen Herrn neu vergewissern.

Für das Dozentenkollegium des Albrecht-Bengel-Hauses

Tübingen, im März 2001

Traugott Messner

Inhaltsverzeichnis

Beiträge zu aktuellen Herausforderungen:

Die Macht des Bösen
— eine biblisch-theologische Grundlegung

von Dr. Rolf Hille

Wissenschaftliche Lexika haben primär die Aufgabe Realitäten, die sie beschreiben, möglichst sachlich und objektiv darzustellen. Die Theologische Realenzyklopädie mit ihren über 30 Bänden erhebt mit guten Gründen diesen Anspruch. Schaut man sich den umfangreichen Artikel „Dämonen" an[1], so führt bereits die Lektüre des Inhaltsverzeichnisses zu wichtigen Schlüssen. Das Problem des dämonisch Bösen wird religionsgeschichtlich, alt- und neutestamentlich und im Blick auf das Judentum breit erörtert. Doch endet der Beitrag über die Dämonen mit der kirchengeschichtlichen Darstellung des Phänomens. Einen systematisch-theologischen und praktisch-theologischen Teil sucht man vergebens. Unter diesem Horizont unser Thema zu bearbeiten ist also in sich schon eine höchst weitreichende Entscheidung in der Sache. Dass die Frage nach Dämonen in der Religions- und Theologiegeschichte eine nicht unerhebliche Rolle spielte, wird niemand übergehen können. Aber sind „Dämonen" eine reine Angelegenheit der Vergangenheit? Spielen sie für den heutigen Wahrheitsanspruch des christlichen Glaubens keine Rolle? Handelt es sich um plumpe „Mythologie" vormoderner Jahrhunderte? Für den Glaubensinhalt und hinsichtlich der Glaubenspraxis in der Kirche des 21. Jahrhunderts sind Dämonen nach Auffassung der Herausgeber der Theologischen Realenzyklopädie offensichtlich schlicht irrelevant. Deshalb

---

1 So in: O. Böcher, G. Stemberger, G. Tavard, G. Wanke, TRE Bd. 8, Berlin 1981, 270-300.
Positiv ist zu vermerken, dass in neueren evangelischen Lexika wie der 3. Auflage des „Evangelischen Kirchenlexikons" Bd. 1, Göttingen 1986, Sp. 781-784 von W. Roehl sowie in der 4. Auflage von „Religion in der Geschichte und Gegenwart", Bd. 2, Tübingen 1999, Sp. 544-547 von U. Berner und W. Sparn eine etwas vorsichtigere Gewichtung des Dämonischen als aktuelle Herausforderung bedacht wird; wenngleich im wesentlichen das anthropologische Deutungsschema der aufgeklärten Theologie fortgeführt wird. Weit stärker am biblischen Befund bewegt sich das katholische Nachschlagewerk „Lexikon für Theologie und Kirche" Bd. 3, Freiburg 1995, Sp. 1-7 von Ch. Daxelmüller, D. Harmening, W. Kirchschläger und besonders L. Scheffczyk. L. Scheffczyk stellt klar die dogmatische Relevanz und praktisch-theologische Bedeutung der Dämonenlehre und des Exorzismus für die Theologie heraus.

findet sich keine systematische noch praktische Diskussion über dieses Thema im wohl renomiertesten theologischen Lexikon unserer Tage. Damit sind wir im Blick auf die biblischen Einsichten zu diesem gewichtigen Problem an einer entscheidenden Weichenstellung: Kann man den Satan und die Dämonen getrost zu den Akten legen oder verbirgt sich hinter dem Thema „Mächte“ eine höchst aktuelle Realität? In dem vorliegenden Studienbuch soll auf diese Problemstellung in den beiden ersten Artikeln mit unterschiedlicher Perspektive eingegangen werden. Dieser das Buch einleitende Beitrag soll zunächst darlegen wie das Phänomen des Bösen, des Dämonischen und des Satanischen in der Bibel gesehen und beurteilt wird. In einem weiteren Beitrag soll später von dieser biblischen Grundlage aus die Auseinandersetzung mit Fragestellungen und Wahrnehmungen des Bösen in der Religions- und Philosophiegeschichte geführt werden.

1. Biblischer Realismus angesichts des neuerwachten Okkultismus

Die europäische Aufklärung hat mit dem antiken Dämonenglauben und dem mittelalterlichen Hexenwahn radikal aufgeräumt, indem sie jede Rede von Satan und den Dämonen als „mythologisch“ abgetan hat. Soweit es jahrhundertelang durch die Kirchengeschichte hindurch schlimme Verirrungen und Entgleisungen im Blick auf den Dämonen- und Hexenglauben gegeben hat, ist die aufgeklärte Kritik berechtigt und notwendig gewesen. Andererseits zeigt nicht zuletzt die Geschichte des 20. Jahrhundert in erschütternder Weise, dass die tiefen Abgründe der Sünde und des Bösen ohne Verständnis ihres satanischen Hintergrundes zu gefährlichen Verharmlosungen führen. Die aufgeklärten Reduktionen auf „den liebenden Vater im Himmel“, „den unendlichen Wert der Menschenseele“ und „die vorbildliche Humanität Jesu von Nazareth“ — wie sie sich in verschiedenen Varianten der liberalen Theologie finden — berauben die biblische Botschaft einer wesentlichen Tiefendimension. Die Ungeheuerlichkeit des Kampfes Christi mit dem satanischen Gegenspieler und die Abgründe des apokalyptischen Ringens, in dem die Gemeinde Jesu steht, werden nicht mehr wahrgenommen. Der aufgeklärte Spott über Teufel und Dämonen hat dem Glauben an Gottes Macht den letzten Ernst genommen. So wurde ein Vakuum erzeugt, in das der Aberglaube einströmt. Dieser ist aber kein harmloses Spiel, sondern ein äußerst bedrohliches Einfallstor für Okkultismus und Spiritismus mit allen furchtbaren Folgen der Besessenheit. Kraft zur Überwindung des Bösen und zur Abkehr vom *„Teufel und allen seinen Werken"* ist nur durch biblischen Realismus möglich. Solcher Realismus weiß um die Existenz und Macht des Satans und stellt sich deshalb bewusst unter die Herrschaft Christi. Deshalb wollen wir uns zunächst mit dem Verständnis der biblischen Offenbarung zu diesem Thema vertraut machen.

2. Zur biblischen Lehre über den Satan

2.1. Raub an Gottes Macht und Herrlichkeit

Bezeichnenderweise findet sich in der Bibel keine ausgeführte, systematische Lehre über den Satan bzw. die Dämonen. Auch wird über den Ursprung des Satans nicht spekuliert. Dennoch ergeben sich aus der Schrift Grundzüge zum Verständnis jener finsteren Mächte, um so realistisch die Situation der gefallenen Welt zu durchschauen und in der Versuchung zu widerstehen. Obwohl vereinzelt wie z.B. im „Vaterunser" sprachlich offen bleibt, ob von dem Bösen personal oder neutral die Rede ist, zeigt der exegetische Gesamtbefund eindeutig, dass Satan und seine Dämonen willentlich handelnde und zudem intelligente Wesen sind, die Gott entschlossen entgegenstehen. Der Satan und die Dämonen gehören offensichtlich zu den *„Engeln, die gesündigt"*, d.h. sich in Hochmut gegen Gott aufgelehnt haben (2Petr 2,4; Jud 6).

Die Macht Satans liegt zunächst in der Verstellung und bewussten Irreführung. Paulus weist darauf hin, dass die Attraktivität und Faszination des Bösen durch Verblendung zustande kommt: *„Satan verstellt sich als Engel des Lichts"* (2Kor 11,14). Er existiert aus dem Raub an Gott, d.h. aus der ihm schöpfungmäßig geschenkten Teilhabe am Glanz und der Macht des Schöpfers, die er nun gegen Gott wendet. Der Prolog (das Vorwort) zum Hiobbuch macht deutlich, dass Satan Zugang zur himmlischen Wirklichkeit Gottes hat (Hi 1,6-12 und 2,1-7). Aus dieser Teilhabe an der göttlichen Welt erwächst die verführerische Kraft Satans, der sich verstellt und so den Menschen betrügt. In der Gestalt der Schlange lockt er bereits die ersten Menschen zum Unglauben und Ungehorsam gegen Gott, indem er den Willen Gottes verdreht und den Schöpfer gegenüber dem Geschöpf verleumdet (1Mo

3). Johannes charakterisiert deshalb den Teufel als Lügner: *„Wenn er Lügen redet, so spricht er aus dem Eigenen; denn er ist ein Lügner und der Vater der Lüge“* (Joh 8,44). Dabei ist klar, dass die Lüge ihre Überzeugungskraft aus der Wahrheit bezieht, die in ihr steckt und die sie ins Gegenteil verkehrt. Die neutestamentliche Bezeichnung der irdischen Manifestation des Satans, nämlich des „Antichristen“, bringt die urgeschichtliche Verführung endgeschichtlich zum Ausdruck. Die griechische Vorsilbe „anti-“ bedeutet sowohl „gegen“ als auch „anstatt“. Satan stellt sich gegen Gott, indem er sich an seine Stelle zu setzen sucht; der Antichrist stellt sich gegen Christus, indem er dessen Platz beansprucht.

2.2. Die Macht der Sünde und des Todes

Auflehnung gegen Gott aber kennzeichnet das Wesen und die Dynamik der Sünde. Der Teufel ist deshalb nicht nur ein *„Lügner von Anfang an“*, sondern er *„sündigt* (auch) *von Anfang an“* (1Joh 3,8). Als *„Diabolos“*, d.h. „Durcheinanderwerfer“ bewirkt er zwischen Schöpfer und Geschöpf das Zerwürfnis der Sünde. Gott und Mensch werden getrennt, und der von Gott schlechthin abhängige Mensch verliert mit seinem Schöpfer auch seine Existenzgrundlage als Geschöpf. Gott ist Ursprung und Ursache des Lebens; Gottlosigkeit führt somit zum Tode. Indem Satan den Menschen gottlos macht, nimmt er ihm das Leben. Der johanneische Hinweis, dass Satan von Anfang an sündigt, weil er von Anfang an lügt, führt mithin zu der Konsequenz: Der Teufel *„ist ein Mörder von Anfang an und steht nicht in der Wahrheit, denn die Wahrheit ist nicht in ihm“* (Joh 8,44). Neben der subtilen Verführung der „Schlange“ auf der intellektuellen und emotionalen Ebene steht die brutale Gewalt des Satans zur Vernichtung der physischen Existenz: *„Der Teufel geht umher wie ein brüllender Löwe und sucht, wen er verschlinge“* (1Petr 5,8). Was sich in bezug auf das Gottesverhältnis zunächst verborgen als Sünde ereignet, wird durch den Tod nach außen hin offenbar. Da vom Satan in einem unmittelbaren und ursprünglichen Sinn die Verführung zur Sünde ausgeht, ist die Macht des Todes seine wesensmäßige Domäne. Der Teufel hat kein Mandat des Lebens, keine schöpferische Kreativität, wohl aber die Potenz zur Zerstörung und Vernichtung von Leben. Mit der Sünde ist der Tod unlösbar verbunden. Der Teufel ist wie *„ein brüllender Löwe“*, weil er mit dem Tod schrecken kann und als der, der die *„Gewalt über den Tod“* hat (Hebr 2,14), dieses Terrormittel auch uneingeschränkt einsetzt. Dass der Tod der genuine Herrschaftsbereich Satans ist, wird auch aus der Tatsache ersichtlich, dass Israel jeder Totenkult und alle okkult-spiritistische Totenbeschwörung untersagt ist (Jes 8,19). Entsprechend bezeichnet die Totenbeschwörung Sauls in Endor den endgültigen Abfall des Königs von Gott und damit das Ende seiner Herrschaft (1Sam 8,3-25).

2.3. Die hintergründige Macht des Götzendienstes

Der Zusammenhang von Sünde und Satan ist zudem für das biblische Verständnis der Religionen von großer Bedeutung. Alle Gebote wurzeln in der unantastbaren Gottesbeziehung, die das erste Gebot fordert. Gottesdienst, Lehre und Praxis der heidnischen Religionen sind Götzendienst und geben damit Raum für dämonische Machteinflüsse, die gegen die wahre Gotteserkenntnis und den wahren Gottesdienst gerichtet sind. In dem Kampf der Propheten gegen den Götzendienst geht es im letzten um den Gegensatz von Gott und Satan, und das verleiht dieser Auseinandersetzung ihre Radikalität und Schärfe.[2] Das Gottesurteil auf dem Karmel, das Elia im Auftrag Gottes herbei führt, dokumentiert diesen Vorgang eindrücklich (1Kön 18). Die gesamte Eroberungsgeschichte Kanaans unter der Führung Josuas bis in die wechselvollen Geschicke der israelitischen und jüdischen Herrscherhäuser hinein ist geistlich vom Kampf gegen die dämonischen Einflüsse der Fremdreligionen und ihrer Kulte bestimmt; die Einführung des Höhenkultes durch Rehabeam ist dafür ein Beispiel (2Chr 11,13-16). Auch Paulus rechnet mit Dämonen, die hinter und in der Praxis heidnischer Kulte wirksam sind. Die äußeren, materialen Kultbilder des Götzendienstes sind zwar als solche nichtig, aber als Einfallstor dämonischer Mächte gefährden und verführen sie die Gemeinde (1Kor 10,19-22); vgl. auch die Auseinandersetzung des Paulus mit dem Zauberer Elymas in Zypern (Apg 13,8-12) sowie die Hinweise 2Kor 6,16 und Offb 9,20f).

2.4. Der Verkläger des Volkes Gottes

Die abgründige Verlogenheit Satans manifestiert sich in der Art, wie er mit der Sünde des verführten Menschen umgeht. Die Sünde wird unversehens zur Anklage gegen den Menschen vor Gott. Satan ist der

2 Vgl. in diesem Zusammenhang besonders den Beitrag von V. Gäckle in diesem Buch, 63ff.

Verkläger des Gottesvolkes. Schuld vor Gott und Menschen wird zu einer Art „Rechtsanspruch", den Satan einklagt und dadurch die Verfügung über den Menschen beansprucht. Deutlich wird dieser Vorgang an der Volkszählung Davids. Satan reizt die Eitelkeit und das Machtbewusstsein des Königs (1Chr 21,2) und verführt ihn so zu einer eigenwilligen, selbstherrlichen Zählung des Volkes und beschwört damit Gottes Gericht herauf (1Chr 21,7). Was zunächst von Satan als legitimes Interesse des Volkes ausgegeben wird, erweist sich schließlich als Instrument zur Vernichtung des Volkes. Ebenso zeigt sich Satan im Hiobprolog als Ankläger gegen die besten und elementarsten Interessen des Menschen (Hi 1,1-6; 2,1-7). Diese Darstellung Satans als Ankläger gegen das Volk Gottes bzw. die Gemeinde des Christus wird in der Heiligen Schrift bis zur Johannesoffenbarung durchgezogen, wo es in dem Gerichtswort über Satan und seine Dämonen heißt: *„Denn der Verkläger unserer Brüder ist verworfen, der sie verklagte Tag und Nacht vor unserem Gott"* (Offb 12,10).

3. Die Abhängigkeit Satans von Gott

In der Versuchung Jesu präsentiert sich Satan Christus gegenüber zwar als Weltherrscher, aber diese Machtstellung hat er nicht aus eigenem Vermögen, sondern sie ist ihm *„übergeben"* (Lk 4,6). Er kann zwar gegen den Gottesknecht Hiob vorgehen, weil ihm Gott Zutritt zur himmlischen Wirklichkeit gewährt, aber Gott setzt ihm auch die unüberschreitbaren Grenzen seiner Handlungsfreiheit (Hi 1,12 und 2,6). Satan wird offensichtlich von Gott in spezifischen Zusammenhängen geradezu als Exekutor göttlicher Strafgerichte gebraucht; so soll nach 1Kor 5,5 der korinthische Blutschänder *„dem Satan übergeben werden zum Verderben des Fleisches, damit der Geist gerettet werde am Tage des Herrn"*. Der Satan hat zwar Macht, die gesamte Ökumene, d.h. den Erdkreis, zu verführen (Offb 12,9), aber Gott selbst begrenzt die Versuchung, so dass die Gemeinde sie ertragen und sich in ihr bewähren kann (1Kor 10,13). Die souveräne Überlegenheit Gottes über den Satan findet in dem Hinweis der Johannesoffenbarung auf das Tausendjährige Reich, in dem der Teufel gebunden und eingekerkert wird (Offb 20,1-6), eine deutliche Bestätigung.

3.1. Der heilsgeschichtliche Aspekt

3.1.1. Das Ringen zwischen Christus und Satan

Dem Bekenntnis zur absoluten Herrschaft Gottes über den Satan steht in unauflöslicher Hochspannung die Tatsache gegenüber, dass Satan Macht hat, sich gegen Gott aufzulehnen, wie dies kein irdisches Geschöpf tun könnte. Die Geschichte Jesu kann ohne den satanischen Gegenwillen überhaupt nicht sachgemäß verstanden werden. Nach dem Bericht der Evangelien rang Jesus unablässig mit dämonischen Mächten. Und weil die heilsgeschichtliche Bedeutung des Satanischen erst in der Auseinandersetzung mit Christus voll erkennbar wird, finden sich auch erst im Neuen Testament zahlenmäßig und inhaltlich umfassendere Aussagen über den Satan und die Dämonen. Die Versuchungsgeschichte zeigt die Herrschaft des Satans über die Welt (Mt 4,1-11). Er kann über materiellen Reichtum, Ehre und Ansehen sowie politische Macht frei verfügen: *„Ich gebe sie, wem ich will“* (Lk 4,6). Darin erweist er sich als *„Fürst dieser Welt“* (Joh 14,30). Satan hintertreibt ferner die Verkündigung Jesu, indem er das Wort aus den Herzen wegnimmt (Mk 4,16) und als Feind Unkraut zwischen den Weizen einsät (Mt 13,38f). Der Kampf zwischen Christus und Satan erreicht in der Passionsgeschichte ihre äußerste Zuspitzung und ihren endzeitlichen Höhepunkt: *„Jetzt ergeht das Gericht über die Welt; nun wird der Fürst dieser Welt ausgestoßen werden“* (Joh 12,31; vgl. Joh 16,11). Ziel des Weges Jesu ist die Entrechtung und die Entmächtigung Satans. Der Satan verliert auf Grund der am Kreuz von Christus erworbenen Rechtfertigung des Sünders jedes Recht, den an Christus Glaubenden weiter vor Gott anzuklagen. Christus ist Mensch geworden, *„damit er durch seinen Tod die Macht nähme dem, der Gewalt über den Tod hatte, nämlich dem Teufel“* (Hebr 2,14). Kreuz und Auferstehung Jesu vernichten somit das Zerstörungswerk Satans (1Joh 3,8) und schaffen Raum für eine neue Schöpfung, in der *„Gerechtigkeit wohnt“* (2Petr 3,13).

3.1.2. Der endzeitliche Kampf der Gemeinde Jesu Christi

Mit dem Sieg Christi über den Satan ist dieser endgültig entrechtet, ist die Schuldfrage gelöst. Aber bis zur öffentlichen Erscheinung Jesu bei seiner Wiederkunft und der damit verbundenen Machtübernahme durch Christus, bleibt die Machtfrage noch ungelöst. So entsteht ein Zeitraum, in dem Christus sein Evangelium verkündigen lässt und durch sein Wort seine Gemeinde aus allen Völkern sammelt. Diese Zeitspanne der Heilsgeschichte zwischen der Entrechtung und der Entmächtigung Satans hat das Ziel, den Heiden die Augen zu öffnen, *„dass sie sich bekehren von der Finsternis zum Licht und von der Gewalt des Satans zu Gott"* (Apg 26,18). Damit ist ein Kampf angesagt, der die gesamte Kirchengeschichte bestimmt. Es ist ein Streit gleichermaßen nach außen gegen Widerstände und Verfolgung sowie nach innen gegen Verführung und Irrlehre (Apg 4,1-22; 5,1-11; 7,1-8,25; 1Thess 2,18; Gal 1,6-10; Offb 2,9; 3,9). Offensichtlich findet der Satan Anknüpfungspunkte auch bei den Christen, wie dies an Hananias und Saphira (Apg 5,3.9) und — schon vor der Passion — an den Jüngern Petrus (Mt 16,22f; Lk 22,31) und Judas (Lk 22,3; Joh 13,27) deutlich wird. Aus dieser Perspektive beschreibt das Neue Testament die Weltgeschichte als Fortschritt satanischer Machtentfaltung. Vor der Machtübernahme durch Christus muss das Böse ausreifen und die Gottlosigkeit ihr wahres Wesen enthüllen: Es muss zuvor *„der Mensch der Bosheit offenbar werden, der Sohn des Verderbens"* (2Thess 2,3). Im Antichristen als satanischem Mandatsträger auf Erden kommt auch die 1Mo 3 begonnene Sünden- und Abfallsgeschichte der Menschheit zu ihrer radikalsten Auswirkung. *„Er ist der Widersacher, der sich erhebt über alles, was Gott oder Gottesdienst heißt, so dass er sich in den Tempel setzt und vorgibt, er sei Gott"* (2Thess 2,4; vgl. Offb 13,1-8). Die Gemeinde Jesu vermag in diesem zermürbenden Kampf nur durchzuhalten, weil sie weiß, dass der Teufel „nur wenig Zeit hat" und die „Erlösung sich naht" (Lk 21,28; Röm 16,20). Das heilsgeschichtliche Ziel ist die strafende Vernichtung Satans und aller seiner Dämonen (Mt 25,41; Offb 20,10) sowie die Aufrichtung der Gottesherrschaft.

3.2. Seelsorgerliche Orientierung

Die Bibel redet über die satanische Wirklichkeit nicht, um Neugierde oder gar Nervenkitzel des Menschen zu befriedigen. Es geht vielmehr um seelsorgerliche Wegweisung durch Trost und Ermahnung.[3] Die entscheidende Hilfe besteht im Hinweis auf Christus und sein Leiden. Er ist wie wir versucht worden und ohne Sünde geblieben, deshalb kann er allen, die versucht werden, beistehen und sie bewahren (Hebr 4,15). Der Teufel hat sein Recht an denen verloren, für die Jesus ge-

[3] Vgl. hierzu auch den Beitrag von T. Messner in diesem Buch, 119ff.

storben ist und die seine Vergebung in Anspruch nehmen (Offb 12,10f). Paulus weist in Eph 6,10-17 auf die geistliche Waffenrüstung hin, durch die Christen den übermächtigen, weil übermenschlichen, dämonischen Mächten begegnen und sie überwinden können (vgl. auch 1Petr 5,9; Jak 4,7). Der geforderte offensive Widerstand gegen den Satan im Glauben nimmt je nach der praktischen Situation verschiedene Formen an. Die Gläubigen sollen dem Versucher keine Angriffsflächen bieten. So warnt Paulus vor Unversöhnlichkeit im Umgang miteinander, was den Satan veranlassen könnte, die Gemeindeglieder zu *„übervorteilen"* (2Kor 2,11). In eine ähnliche Richtung weist die Mahnung, nicht am Zorn festzuhalten und dadurch *„dem Teufel Raum zu geben"* (Eph 4,27). Bedenkenswert ist auch die Nüchternheit, mit der der Apostel Eheleute vor einer übersteigerten sexuellen Askese warnt, durch die der Satan die Möglichkeit zur Versuchung erhält (1Kor 7,5). Ein weiteres Einfallstor für dämonische Einflüsterungen und Verstrickungen ist der Hochmut. Dies unterstreicht Paulus in seinen Anweisungen zur Übernahme des Bischofsamtes, also einer in der Gemeinde hervorgehobenen Stellung (1Tim 3,6f). Er selbst spricht sich nicht frei von der Gefährdung, sich auf Grund besonderer Offenbarungen und Gnadenerweise zu überheben. Deshalb muß er einen *„Pfahl im Fleisch"* erdulden, indem ihn des *„Satans Engel mit Fäusten schlagen soll"* (2Kor 12,7).

3.3. Dämonenaustreibung als besondere Aufgabe der Seelsorge

3.3.1. Besessenheit

Die Bibel unterscheidet klar zwischen dem allgemeinen Machtbereich Satans, als Fürst dieser Welt zu herrschen bzw. Menschen zu verführen einerseits und dämonischer Besessenheit im speziellen Sinne andererseits. Bei Besessenheit handelt es sich um eine Art teuflischer Inspiration; sie ist das satanische Gegenteil zu der tiefen Gemeinschaft Christi mit den Gliedern seines Leibes und der Inspiration durch den Heiligen Geist. Im dämonisch Besessenen wirkt ein fremder, satanischer Wille. Dieser satanische Wille bestimmt dann das Handeln des betreffenden Menschen. Ein erschütterndes Beispiel solcher Besessenheit ist die satanische Eingebung an Judas Iskariot, Jesus zu verraten (Joh 13,2). Im Alten Testament lässt sich an der Gestalt des verworfenen Königs Saul zeigen, wie der ehemals Geistbegabte und Gesalbte Gottes von einem bösen Geist zunehmend besetzt und beherrscht wird (1Sam 16,14; 19,9). In den synoptischen Evangelien begegnen mehrfach Hinweise auf Besessene, deren Situation eindeutig von Krankheit im allgemeinen Sinn unterschieden wird (Mt 4,24). Die Zustände und die Intensität dämonischer Bindung und Einwirkungen können im Leben eines Besessenen schwanken. In jedem Fall wirken sie sich auf den Betroffenen und seine Umgebung verheerend aus (Mk 9,18; Lk 8,26-34). Die völlige Fremdbestimmung durch die Dämonen wird an Anomalitäten ersichtlich; so reden z.B. aus dem Gequälten fremde Stimmen (Lk 8,30f). Wer mit der Gefahr dämonischer Besessenheit spielt, kommt darin um. Deshalb verbietet Gott schon im Alten Testament strikt jede okkulte oder spiritistische Praxis und bedroht die Übertretung dieses Gebotes mit der Todesstrafe (3Mo 20,6.27). Weil gerade im religiösen Bereich viele Kraftwirkungen von Geistern bezeugt werden, ist die Unterscheidung der Geister notwendig, die sich am Bekenntnis zur uneingeschränkten Herrschaft Jesu Christi festmachen lässt (1Kor 12,1-3; 1Joh 2,18-29).

3.3.2. Dämonenaustreibung

Exorzismus (Dämonenaustreibung) ist keine menschliche Möglichkeit, da die Macht der Dämonen über das menschliche Vermögen weit hinausgeht. Den Starken kann nur der Stärkere binden (Lk 11,21f). Damit ist die Frage nach der Vollmacht gestellt. Jesus erweist sich durch seine Vollmacht, Dämonen auszutreiben, als Herr über den Satan (Mt 10,8; Mk 6,13; Lk 13,16.32; Apg 8,7; 19,12). Sein Machtwort, das den Dämonen auszufahren gebietet, beweist, dass das Reich Gottes angebrochen und dass er der Messias ist. Aus sich heraus sind die Jünger ohnmächtig und unfähig (Mk 9,18). Jeder angemaßte Vorstoß des Menschen gegen Dämonen fällt schwer auf ihn selbst zurück. Jeder nur menschliche Versuch, Dämonen zu überwinden, scheitert und endet im Chaos. Der Exorzist wird selbst zum Besessenen (Apg 9,13-17). Deshalb ist auch die Warnung des Paulus, mit Götzen und bösen Geistern nicht leichtfertig umzugehen (1Kor 10,22) wichtig. Dämonen auszutreiben erfordert vielmehr eine besondere Berufung und Bevollmächtigung durch Christus (Lk 9,1; 10,17). Soll ein Mensch wirklich von Besessenheit befreit werden, so genügt es schließlich seitens des Besessenen nicht, *„leer zu sein“* (Mt 12,44f). Das entstehende geistliche Vakuum muss vielmehr durch einen grundlegenden Herrschaftswechsel unter der guten Führung Christi überwunden werden. Der

Heilige Geist kann allein die Leere und das Chaos, das die Dämonen zurücklassen, ausfüllen und von Gott her gestalten.

Gott, Götter und Götzen im Alten Testament

von Hartmut Schmid

„So sollst du nun heute wissen und zu Herzen nehmen, dass der HERR Gott ist oben im Himmel und unten auf Erden und sonst keiner“ (5Mo 4,39). *„Ich bin der Erste, und ich bin der Letzte, und außer mir ist kein Gott“* (Jes 44,6). Diese und viele ähnliche vergleichbare Sätze aus dem Alten Testament könnten den Eindruck erwecken, als sei das Verhältnis zwischen Gott und den Göttern im Alten Testament sehr einfach zu klären. Es gibt außer Gott keine Götter.

So gewiss dies auf der einen Seite stimmt, so muss doch auf der anderen Seite gesehen werden, dass die oben zitierten Worte der Tatsache entspringen, dass Israel in die Auseinandersetzung mit anderen Völkern und deren Göttern gestellt war. Auf diesem Hintergrund ist differenzierter nach dem Verhältnis Gottes zu den Göttern und sodann im Rahmen des Gesamtthemas „Die Macht und die Mächte“ nach der Macht bzw. der Ohnmacht der Götter und Mächte zu fragen.

1. Gott und die Götter

1.1. Der Glaube an den einen Gott

„Das auffälligste Merkmal bibl. Frömmigkeit ist die strenge Betonung des Glaubens an den einen Gott (5Mo 6,4), den Gott Abrahams, Isaaks und Jakobs, den Gott Israels und ntl. den Vater Jesu Christi.“[1] In der Tat kann man den Glauben an einen einzigen Gott als das herausragende Kennzeichen von Israels Glauben bezeichnen. Dieser Glaube an einen Gott wird im Unterschied zum Glauben an mehrere Götter als Monotheismus bezeichnet.

Der Glaube an den einen Gott im Alten Testament hat für Israel eine entscheidende Konsequenz. Während Israel umgeben war von Völkern, in denen der Polytheismus, also der Glaube an verschiedene Götter, selbstverständlich war, war Israel ein solcher polytheistischer Glaube strengstens untersagt. „Der Ausschließlichkeitsanspruch

---

1 C.D. Stoll, Art. Götze, Götzendienst, in: Das Große Bibellexikon Bd. 1, Wuppertal 1987, 489.

Jahwes gehört von Anfang an zur Einzigartigkeit des bibl. Glaubens."[2] An zentralen Stellen in der Bibel leuchtet dies auf. Ein bekanntes Beispiel ist der Beginn des Dekalogs. Israels Gott Jahwe stellt sich mit einem betonten „Ich" ganz bewusst als der eine vor, der allein Israels Gott ist: *„Ich bin der HERR, dein Gott"* (2Mo 20,2). Dieser eine duldet – zunächst gilt dies hier für Israel – keine anderen Götter neben sich. Entsprechend stellt das erste Gebot fest: *„Du sollst keine anderen Götter haben neben mir"* (2Mo 20,3). Das Verbot der Verehrung anderer Götter steht nicht ohne Grund am Anfang der Gebote im Rahmen des Dekalogs. Dies bestätigt die Feststellung, dass die Alleinverehrung Jahwes das wichtigste Kennzeichen alttestamentlichen Glaubens ist (2Mo 22,19; 34,14; 1Sam 7,3; 1Kön 8,61; Hos 13,4).
Dieses Gebot hat weitreichende Folgen. Nicht nur der Hinkehr zu anderen Göttern, sondern auch allen Arten von abergläubischen und okkulten Praktiken ist damit das Nein angesagt (5Mo 18,9-13; Jes 8,19; Jer 27,9). Die Bindung an den einen Gott bildet nicht nur eine lehrmäßige Grundlage für Israels Glauben, sondern hat umfassende Auswirkungen für das gesamte Leben und die ganze Frömmigkeit. In allen Fragen hat Israel nur einen Ansprechpartner und einen Gott – eben Jahwe. Und alles, was Israel begegnet – Schöpfung, Errettung, Gaben des Landes, Zukunft, selbst das Gericht – kommt von diesem einen Gott.
Dass diese Israel von Anfang an gegebene klare Grundlage im konkreten Glaubensvollzug des Alltags oft verlassen wurde, ist eine andere Sache.[3] Israel war in die Begegnung und Auseinandersetzung mit anderen Völkern und deren Götter gestellt. Dabei kam es in Israels Glauben und Frömmigkeit immer wieder zur Aufnahme und Vermischung zwischen dem eigenen Glauben und dem Glauben der anderen Völker. Unmittelbar nach dem Bundesschluss am Sinai wollte Israel einen sichtbaren Gott, der vor ihm hergeht (2Mo 32,1-6). Zu dem angefertigten goldenen Kalb sagten sie: *„Das ist dein Gott, Israel, der dich aus Ägyptenland geführt hat!"* (2Mo 32,4).[4] Nach der Einnahme des verheißenen Landes war es vor allem der Baalskult, die Religion der vor Israel in Kanaan ansässigen Bevölkerung, der Israel zur Her-

---

2 C.D. Stoll, a.a.O., 490.

3 Ebd.

4 An diesem Beispiel wird deutlich, wie nahe Gottesdienst und Götzendienst beieinander liegen. Was eigentlich Gott getan hat, wird auf einen Götzen übertragen. Aber Gott und Götze ist eben nicht dasselbe.

ausforderung wurde und nicht selten zum Abfall von Jahwe verführte (4Mo 25; Ri 2,13; 6,25-32; 1Kön 16,31-32; 18,19-40).[5] Die Propheten haben den Abfall vom eigenen Glauben in aller Deutlichkeit aufgedeckt und auch die Konsequenzen aufgezeigt.
Wie wird aber das Verhältnis zwischen Gott und den Göttern im Einzelnen gesehen? Im Folgenden soll auf einige Grundlinien dieses Verhältnisses eingegangen werden.

1.2. Das Verhältnis zu anderen Göttern

Im Verhältnis von Israels Gott Jahwe zu den Göttern der anderen Völker begegnen wir im Alten Testament zwei Linien. Zum einen werden andere Götter ganz selbstverständlich genannt, zum andern wird ihre Nichtigkeit betont.

1.2.1. Die Existenz anderer Götter

An vielen Stellen redet das Alte Testament ganz selbstverständlich von anderen Göttern. Von den Göttern Ägyptens ist die Rede (2Mo 12,12), den Göttern der Amoriter (Jos 24,15) oder den Göttern von Aram, Sidon, Moab und der Philister (Ri 6,10). Man hat an diesen Stellen den Eindruck, als wäre die Existenz dieser Götter überhaupt keine Frage. Sie wird einfach als Tatsache hingestellt.[6] Entsprechend formuliert das erste Gebot im Dekalog auch nicht: „Es gibt keine anderen Götter“, sondern: *„Du sollst keine anderen Götter haben neben mir“* (2Mo 20,3).
Einige Stellen sagen sogar ausdrücklich, dass jedes Volk seinen Gott hat (Mi 4,5) und entsprechend verehren die Angehörigen der Völker jeweils ihren Gott bzw. ihre Götter (Jon 1,5). In diesem Zusammenhang ist auch 1Mo 31,53 zu nennen: *„Der Gott Abrahams und der Gott Nahors sei Richter zwischen uns.“* Der Gott Abrahams und Nahors wird ohne weitere Kommentierung in einem Satz parallel genannt.
Wir fragen uns, wie dies zu erklären und mit dem biblischen Monotheismus in Einklang zu bringen ist. Die Offenbarung Gottes im Alten Testament war mit der Erwählung Israels auf Israel beschränkt.

---

[5] Aber auch vom Einfluss anderer Götter wird berichtet. So baute z.B. Salomo Heiligtümer für die Götter seiner ausländischen Frauen (1Kön 11,1-13) und Jerobeam errichtete in Dan und Bethel zwei goldene Kälber (1Kön 12,28).

[6] H. Ringgren, Art. אלהים, in: ThWAT Bd. I, Sp. 295f.

Damit war Jahwe zunächst und in erster Linie Israels Gott.[7] Es war eine Tatsache, dass andere Menschen und andere Völker andere Götter verehrten und anbeteten. In der Begrenzung der Offenbarung Jahwes auf Israel durch die Erwählung Israels wurden diese Götter nicht einfach negiert und den Völkern gleichsam ersatzlos weggenommen, sondern zunächst zumindest im Sinne beobachtbarer Religiosität ihre Wirklichkeit festgestellt.

Im Blick auf den biblischen Monotheismus wird deshalb unterschieden zwischen Monotheismus und Monolatrie. Mit Monotheismus bezeichnet man den Glauben an den einen Gott verbunden mit der Leugnung der Existenz anderer Götter. Monolatrie bedeutet, dass nur ein Gott verehrt wird, ohne dass die Existenz anderer Götter geleugnet wird.[8] Bei der hier zunächst dargestellten Linie reden wir besser von Monolatrie.[9]

1.2.2. Die Leugnung anderer Götter

Gleichzeitig lässt sich beobachten, dass sich durch das Alte Testament die Überzeugung zieht, dass es neben Gott keine anderen Götter gibt. Ringgren stellt fest: „In der Tat ist es eine der Grundfragen der hebr. Religion, wer wirklich Gott ist."[10]

1.2.2.1. Die Einzigartigkeit Jahwes

Die Einzigartigkeit Jahwes wird zunächst an zahlreichen Aussagen deutlich, die feststellen, dass kein Gott wie Israels Gott Jahwe ist. In 2Mo 15,11 ist zu lesen: *„HERR, wer ist dir gleich unter den Göttern? Wer ist dir gleich, der so mächtig, heilig, schrecklich, löblich und wundertätig ist?"* Salomo bekennt in 1Kön 8,23: *„HERR, Gott Israels, es ist kein Gott weder droben im Himmel noch unten auf Erden dir gleich."*[11]

Wenn Gott wie in Ps 82,1 zusammen mit anderen Göttern genannt wird, dann besteht kein Zweifel, dass er der überlegene und höchste Gott ist.[12]

---

7 A.a.O., Sp. 296.

8 W.H. Schmidt, Alttestamentlicher Glaube, Neukirchen-Vluyn ^{8}1996, 99.

9 C.D. Stoll, a.a.O., 490.

10 H. Ringgren, a.a.O., Sp. 302.

11 Vgl. auch 5Mo 3,24; 4,7; Ps 86,8; 89,7; 113,5f; Jer 10,6.

12 W.H. Schmidt, Art. אלהים, in: THAT Bd. 1, Sp. 159: „Auch sonst hat Israel fremde Mächte Jahwe untergeordnet."

1.2.2.2. Die Einzigkeit Jahwes

Von diesen Aussagen über die Unvergleichlichkeit Jahwes ist es nur noch ein kleiner Schritt bis zur Feststellung, dass es keinen anderen Gott bzw. keine anderen Götter gibt. 5Mo 4,39 stellt fest: *„So sollst du nun heute wissen und zu Herzen nehmen, dass der HERR Gott ist oben im Himmel und unten auf Erden und sonst keiner“* (vgl. V. 34f). Beide Aspekte sind in 2Sam 7,22 verbunden: *„Denn es ist keiner wie du, und ist kein Gott außer dir.“* Auch bei Jesaja verbindet sich die Rede von der Unvergleichlichkeit und Einzigkeit Gottes, wobei die Aussagen zur Einzigkeit innerhalb des Alten Testaments einen Höhepunkt erreichen: *„Ich bin der Erste und der Letzte, und außer mir ist kein Gott. Und wer ist mir gleich?“* (Jes 44,6f); *„Vor mir ist kein Gott gemacht, so wird auch nach mir keiner sein. Ich bin der HERR, und außer mir ist kein Heiland“* (Jes 43,10f).[13]

Auf eine bekannte Stelle ist noch hinzuweisen, bei der es um die Auseinandersetzung zwischen Jahwe und Baal geht. Nach 1Kön 18,21 fragt Elia das Volk: *„Ist der HERR Gott, so wandelt ihm nach, ist's aber Baal, so wandelt ihm nach.“* Und das Volk antwortet später: *„Der HERR ist Gott, der HERR ist Gott!“* (1Kön 18,29). Sicher geht es bei dieser Entscheidung auch um die Frage, wer alleine Gott für Israel ist.[14] Aber die Formulierung legt nahe, dass es hier um eine grundsätzliche Entscheidung geht, nämlich um die Frage, „wer Gott sei, JHWH oder Baal, aber das heißt wiederum, wer von ihnen das Recht auf Verehrung Israels hat.“[15]

Ganz vom Monotheismus geprägt ist der Schöpfungsbericht in 1Mo 1-2. Hier wird neben Gott keine andere Größe genannt, die göttliche Qualität hätte.[16] Ausschließlich Jahwe alleine ist Schöpfer des ganzen Universums. Insbesondere die Gestirne, Sonne, Mond und Sterne, die in vielen Religionen aus biblischer Zeit als Götter von großer Bedeutung waren und verehrt wurden, werden hier als Geschöpfe ohne jeg-

---

[13] Vgl. Jes 40,18.25; 45,5f.18.21f; 44,7; 46,5.9.

[14] Diesen Aspekt betont W.H. Schmidt, Alttestamentlicher Glaube, 102f.

[15] H. Ringgren, a.a.O., Sp. 304.
Auch die wörtliche Übersetzung von 1Kön 18,39 legt nahe, dass es hier um die Frage nach Gott überhaupt geht: *„Jahwe, er ist der Gott! Jahwe, er ist der Gott.“* Man beachte zum einen die Wiederholung und zum anderen den Artikel vor Gott im Sinne von „der wahre, der einzige Gott“.

[16] W.H. Schmidt, Alttestamentlicher Glaube, 109, zu 1Mo 1: „... für andere göttliche oder mythisch-persönliche Kräfte bleibt kein Raum.“

liche göttliche Bedeutung aufgezählt.[17] Nach dem Schöpfungsbericht ist es der Mensch, der durch die Beauftragung von Gott und durch die Bestimmung, zu Gottes Ebenbild geschaffen zu sein, Gott am nächsten steht (1Mo 1,26-27; vgl. Ps 8,4-9[18]), ohne dadurch göttliche Qualität zu gewinnen. Jes 45,18 verbindet den Hinweis, dass Jahwe Himmel und Erde geschaffen hat, mit der ganz monotheistisch geprägten Aussage: *„Ich bin der HERR, und sonst keiner mehr.“*[19]
Dass Gott der einzige Gott der gesamten Schöpfung ist, zeigt sich an zwei weiteren alttestamentlichen Aussagen, die dann im Neuen Testament noch deutlicher hervortreten. Zum einen ist darauf zu verweisen, dass Gott nicht nur Israels Heil, sondern das Heil für alle Völker möchte. Nur zwei Stellen aus dem Alten Testament seien erwähnt. Gott erwählte Abraham, damit in ihm alle Geschlechter gesegnet werden (1Mo 12,3). Durch den Gottesknecht soll das Heil Gottes zu den Heiden gebracht werden.[20] Diese weltweite Perspektive ist in Jesus erfüllt, wenn er seine Jünger sendet, um das Evangelium aller Welt zu verkündigen (Mt 28,19). Zum andern zeigt sich Gottes universale Herrschaft in seinem Gericht über die Götter (Ps 82,1) und über alle Völker und Menschen (Ps 96,10). Auch diese Aussage wird im Neuen Testament aufgenommen und bestätigt (Mt 25; Offb 20,11-15).

1.2.2.3. Die Verspottung der Götzen

In der Fortsetzung der bisher festgestellten Linie stoßen wir auf Aussagen, mit denen andere Götter und insbesondere die Götzenbilder als deren figürliche Darstellung verspottet werden.[21] So lesen wir in Ps

17 Der Gestirnekult ist heute so aktuell wie in biblischer Zeit. Für den biblischen Glauben ist es nicht möglich, die Persönlichkeit und die persönliche Zukunft von den Gestirnen her zu deuten.

18 Bezeichnend ist, dass in Ps 8 wie in 1Mo 1-2 angesichts der Größe des Himmels und der Gestirne gerade vom Menschen gesagt wird, dass er wenig niedriger als Gott gemacht ist. Auch in Ps 8 haben die Gestirne keine göttliche Qualität, sie sind Geschöpfe Gottes.

19 Zur Verbindung von Schöpfungsaussagen und dem Verhältnis Jahwes zu den Göttern s. außerdem: 5Mo 10,14-17; Ps 96,5.

20 Jes 42,4: *„Er selbst wird nicht verlöschen und nicht zerbrechen, bis er auf Erden das Recht aufrichte; und die Inseln warten auf seine Weisung.“* Jes 49,6: *„Es ist zu wenig, dass du mein Knecht bist, die Stämme Jakobs aufzurichten und die Zerstreuten Israels wiederzubringen, sondern ich habe dich auch zum Licht der Heiden gemacht, dass du seist mein Heil bis an die Enden der Erde.“*

21 H.H. Klement, Gott und die Götter im Alten Testament, in: JETh 11 1997, 38f. Vgl. die ausführliche Aufzählung der Stellen bei O. Eissfeldt, Kleine Schriften Bd.1, Tü-

96,5: *„Denn alle Götter der Völker sind Götzen*[22]*; aber der HERR hat den Himmel gemacht."* An vielen anderen Stellen wird das Götzenbild verspottet, weil es Machwerk menschlicher Hände ist.[23] Was ist das aber für ein Gott, der sich von Menschen abbilden lässt?[24]
Fragen wir nach dem Verhältnis der Götzenbilder zu den Göttern, so ist klar, dass die Götzenbilder mit den Göttern nicht identisch sind, aber die Götzenbilder repräsentieren die dargestellten und hinter den Bildern stehenden Götter.[25] Das Abgebildete ist im Abbild präsent. Und mit dem Abbild gewinnt man Einfluss auf das Abgebildete.[26] Dieser Zusammenhang begründet das strikte Bilderverbot im Alten Testament.

1.2.3. Auswertung

Bei den Aussagen des Alten Testaments zum Verhältnis von Gott und den Göttern sind zwei Linien zu beobachten, die in der Regel als Monolatrie und Monotheismus bezeichnet werden.
Es stellt sich die Frage, wie das Verhältnis zu verstehen und zu begründen ist. In der alttestamentlichen Forschung geht man im Allgemeinen von einer Entwicklung von der Monolatrie zum Monotheismus aus.[27]

---

bingen 1962, 271f; sowie die kurze Zusammenfassung bei S. Schwertner, Art. אליל, THAT Bd. 1, Sp. 168f.

22 Wörtlich: „Nichtse".

23 Vgl. Ps 115,4-8; 135,15-18; Jes 2,8.20; 44,9-20; 46,5-7; Jer 10,1-5.

24 F.-L. Hossfeld stellt zu Ps 96,5 fest: „Die Götzen sind Nichts im Vergleich zum Schöpfer JHWH. Als Schöpfer kann er durch nichts Geschaffenes repräsentiert werden, weswegen Gottesbilder sowohl dem Inhalt wie dem Material nach obsolet sind. Was sie darstellen, können nur Götzen sein, aber nicht JHWH." (F.-L. Hossfeld / E. Zenger, Psalmen 51-100, Freiburg 2000, 668.)

25 H.H. Klement, a.a.O., 37f.

26 H. Wildberger, Art. צלם, in: THAT Bd. 2, Sp. 558.

27 W.H. Schmidt, Alttestamentlicher Glaube, 98-110. Vgl. H. Ringgren, a.a.O., Sp. 303: „,... man merkt die Tendenz, zu leugnen, daß es überhaupt einen anderen Gott als JHWH gibt." Ders., a.a.O., Sp. 302: „,... je länger, desto mehr verstärkt sich die Überzeugung, daß JHWH eigentlich der einzige ist, der mit Recht die Attribute ‚herrlich', ‚heilig', ‚furchtbar' usw. trägt, d.h. wirklich Gott ist."
In jüngster Zeit wird in der Forschung diskutiert, ob der vorexilische Glaube in Israel nicht sogar polytheistisch war, und ein monotheisterscher Glaube an Jahwe zunächst nur von kleinen Gruppen frühestens ab dem 9. Jh. v.Chr. (oder erst später) vertreten wurde. Aufgrund des biblischen Zeugnisses ist diese Einschätzung u.E. nicht haltbar. Vgl. H.H. Klement, a.a.O., 10-24.

Wir gehen davon aus, dass beide Linien im Alten Testament nebeneinander bestehen.[28]
Wie ist aber das Nebeneinander beider Linien zu erklären? Durch das Nebeneinander von der Schöpfung des Kosmos und der Erwählung Israels. Gott ist der Schöpfer und Herr von Himmel und Erde. Weil er alles geschaffen hat, ist er der alleinige und wahre Gott und Herr aller Völker. In der Erwählung Israels im Alten Bund hat er sich aber nur einem Volk geoffenbart.[29] Mit der Beschränkung der Erwählung und Offenbarung auf Israel ist gleichzeitig die Möglichkeit der Verehrung anderer Götter durch andere Völker gegeben. In Israel aber war von Anfang an klar, dass nach Gottes Wille und Gebot allein der Gott Israels verehrt werden sollte. Immer dann, wenn Israel in den Kontakt mit anderen Völkern und deren Göttern kam, oder wenn Israels Glaube universale Aussagen wie z.B. zur Schöpfung machte, wurde deutlich, dass sein Gott der Gott der ganzen Erde und damit aller Völker ist. Das heißt aber in der letzten Konsequenz, dass er der einzig wahre Gott ist, weil es keine vergleichbaren anderen Götter gibt.
Die Verbindung von Monolatrie und Monotheismus ist innerhalb der Religionsgeschichte in alttestamentlicher Zeit einzigartig.[30] Diese singuläre Stellung innerhalb der Religionen lässt sich u.E. religionsgeschichtlich nicht erklären. Die Religion Israels ist Ergebnis der Offenbarung.
Der Monotheismus schließt die Existenz gleichwertiger und gleichrangiger Götter aus. Dies bedeutet jedoch nicht, dass es zwischen Himmel und Erde, bzw. Gott und Menschen keine Mächte gibt, die

---

[28] Dabei ist nicht zu übersehen, dass sehr klare monotheistische Aussagen verbunden mit der Verspottung der Götzen aus prophetischer Zeit (Jesaja und Jeremia) stammen. Dies ist jedoch nicht in einer Entwicklung begründet, sondern in der Begegnung Israels mit den großen Weltreichen Assyrien und Babylonien und damit verbunden mit der Gefährdung Israels und der grundsätzlichen Frage nach der Macht von Israels Gott.

[29] Vgl. A. Malamat, in: H.H. Ben-Sasson (Hrsg.), Geschichte des jüdischen Volkes, Bd. 1, München [2]1981, 58: „Der Monotheismus hingegen gründet sich auf eine polare Anschauung, in der Jahwe sowohl als universal-kosmische Gottheit als auch als ein Nationalgott erscheint.“
5Mo 10,14f verbindet diese beiden Aspekte: *„Siehe, der Himmel und aller Himmel Himmel und die Erde und alles, was darinnen ist, das ist des HERRN, deines Gottes. Und doch hat er nur deine Väter angenommen, daß er sie liebte, und hat ihre Nachkommen, nämlich euch, erwählt aus allen Völkern, so wie es heute ist.“*

[30] W.H. Schmidt, Alttestamentlicher Glaube, 99-101; A. Malamat, a.a.O., 58.

zwar nicht auf einer Ebene mit Gott stehen, aber dennoch Macht haben.

1.3. Von Engelmächten und Göttersöhnen

Neben den zwei bisher aufgezeigten Linien im Blick auf die Götter ist nun auf Stellen einzugehen, bei denen es nicht um Götter geht, die mit Jahwe auf einer Stufe stehen und darum mit ihm konkurrieren und damit als Götter im eigentlichen Sinn bezeichnet werden könnten, sondern um Mächte, die einerseits Gott untergeordnet und andererseits doch nicht dem natürlich-weltlich-menschlichen Bereich zuzuordnen sind[31]. Bevor wir auf die Stellen eingehen, sei schon im Voraus darauf hingewiesen, dass diese Stellen in der Deutung nicht einfach und auch umstritten sind.

In 5Mo 4,15-20 warnt Mose Israel zunächst davor, aus dem Bereich des Geschaffenen (Mann, Frau, Tiere) ein Bild als Götzenbild zu machen. Dasselbe gilt für Israel im Blick auf die Gestirne (Sonne, Mond und Sterne). Dann folgt die Feststellung: *„Denn der HERR, dein Gott, hat sie zugewiesen allen andern Völkern unter dem ganzen Himmel"* (V. 19), gemeint ist zur göttlichen Verehrung. Von Israel aber gilt, *„dass ihr das Volk sein sollt, das allein ihm gehört, wie ihr es jetzt seid"* (V. 20). Hier bestätigt sich, was wir oben schon festgestellt haben. Weil die Völker Jahwe noch nicht kennen, müssen sie sich noch anderen Göttern – in diesem Fall den Gestirnen – zuwenden (vgl. Apg 14,6).

Nicht ganz eindeutig ist 5Mo 32,8: *„Als der Höchste den Völkern Land zuteilte und der Menschen Kinder voneinander schied, da setzte er die Grenzen der Völker nach der Zahl der Söhne Israels."* Die griechische Übersetzung des Alten Testaments (Septuaginta) und ein Textfund aus Qumran lesen statt *„Söhne Israels" „Engel Gottes" bzw. „Söhne Gottes"*. Die meisten Ausleger folgen der Septuaginta.[32] Gehen wir einmal trotz der Unsicherheit des ursprünglichen Wortlauts vom Text der Septuaginta aus, so hieße dies, dass Gott den einzelnen

[31] Das Thema „Engel" bzw. „Göttersöhne" kann hier nicht umfassend, sondern nur in Zuspitzung auf das Thema behandelt werden.

[32] Vgl. H.H. Klement, a.a.O., 35f. C.F. Keil, Leviticus, Numeri und Deuteronomium, Gießen ³1987, 560, bleibt bei der Übersetzung *„Söhne Israels"* und sieht in der Übersetzung der Septuaginta eine „willkürliche Deutung nach der späteren jüdischen Vorstellung von den Schutzengeln der einzelnen Völker (Sir. 17,14), die vielleicht nur aus Mißverstand von c.4,18 verglichen mit Dan.10,13.20ff. 12,1 geflossen ist."

Völkern Engel bzw. Göttersöhne zugeordnet hat. Auch wenn diese Stelle unsicher ist, so weist eine andere Stelle in dieselbe Richtung. Dan 10,13: *„Aber der Engelfürst des Königreichs Persien hat mir einundzwanzig Tage widerstanden; und siehe, Michael, einer der Ersten unter den Engelfürsten, kam mir zu Hilfe, und ihm überließ ich den Kampf mit dem Engelfürsten des Königreichs Persien."* In Dan 10,20 ist noch vom *„Engelfürst von Griechenland"* die Rede. Hier werden ausdrücklich Engelfürsten von Nationen genannt. Außerdem erkennen wir eine Hierarchie: Michael ist einer der Ersten, d.h. der Höchsten und Mächtigsten. Auch kommt es zu Kämpfen, was darauf hindeutet, dass es um gute und böse Engelmächte geht.[33] In jüdischen Schriften fand diese Auffassung Aufnahme.[34] Im Neuen Testament ist die Lehre von der Zuordnung von Engeln zu den einzelnen Nationen nicht eindeutig belegt,[35] aber von Kämpfen der Engel mit Satan bzw. dem Drachen ist die Rede (Jud 6; Offb 12,7-9).[36]

Von kampfbereiten und mit dem Schwert bewaffneten Engeln ist mehrfach die Rede: Bileam erkennt den Engel mit dem Schwert, der sich ihm in den Weg stellt, zunächst nicht (4Mo 22,23.31); Josua begegnet einem Engel mit einem Schwert in der Hand vor der Einnahme Jerichos (Jos 5,14); David sah den Engel, der sein Schwert gegen Jerusalem richtete (1Chr 21,16).[37] Nach 2Mo 23,20-23 begleitet ein Engel Israel auf seinem Weg durch die Wüste ins verheißene Land. Er soll Israel auf dem Weg behüten, „d.h. Gefahren wegräumen (vgl. Ps 91,11)."[38] Und V. 23 dürfte so zu verstehen sein, dass dieser Israel bei der Einnahme des Landes beisteht (vgl. Jos 5,14).

Mit diesen wenigen Stellen werden kleine und sehr begrenzte Einblikke in einen Raum gegeben, der uns natürlicherweise nicht zugänglich ist. Wir sollten deshalb einerseits bei der Deutung vorsichtig sein im Wissen, dass unsere Erkenntnis begrenzt ist. Andererseits steht aber fest, dass es zwischen Himmel und Erde, zwischen Gott und Men-

---

[33] G. Maier, Der Prophet Daniel, Wuppertal 1982, 371.

[34] Vgl. Sir 17,14; 2Makk 5,1-4; Jub 15,31f.

[35] Für die *„Engel der Gemeinde"* in Offb 1-3 werden von den Auslegern verschiedene Deutungen vorgetragen.

[36] Auch Ps 82 dürfte so zu verstehen sein, dass Gott himmlischen Wesen einen Auftrag gegeben hat. Da sie diesen jedoch nicht erfüllen, werden sie von Gott gerichtet.

[37] In diesem Zusammenhang ist auf 2Kön 6,17 zu verweisen. Elisa bittet, dass seinem Diener die Augen geöffnet werden, und dann sieht er die feurigen Rosse und Wagen.

[38] B. Jacob, Das Buch Exodus, Stuttgart 1997, 737.

schen Mächte gibt. Wir können darüber nur so viel sagen, wie uns die Offenbarung Gottes in seinem Wort enthüllt.[39]

2. Macht und Ohnmacht der Götter und Götzen

Haben wir im ersten Teil versucht, den grundsätzlichen Befund im Verhältnis Jahwes zu den Göttern im Alten Testament darzustellen, so geht es jetzt im Kontext unserer Gesamtthematik um die Frage, inwiefern irgendwelchen Mächten außer Gott Macht zukommt.
Vom vorausgehenden Abschnitt gilt es, zwei Linien aufzunehmen und weiter auszuführen. Zum einen gibt es für den biblischen Glauben neben Gott keinen zweiten Gott. Damit gibt es konsequenterweise zwischen Gott und den Göttern auch keine Machtbalance und keine Götterkämpfe. Der biblische Glaube an Gott schließt einen Dualismus grundsätzlich aus.[40] Zum anderen begegnen wir Mächten, die zwar unter Gott stehen, aber doch Macht und Einfluss auf Menschen haben. Wie diese Macht bzw. Ohnmacht genauer zu sehen ist, gilt es jetzt darzustellen.

2.1. Die Ohnmacht der Mächte

Es ist keine Frage, dass es menschliche und übermenschliche Mächte und Kräfte gibt (s. 2.2.). Wenn wir von der Ohnmacht der Mächte reden, dann stellt sich die Frage, in welcher Situation, in welchem Zusammenhang sich die Ohnmacht dieser Mächte zeigt.
Die Ohnmacht der Mächte erweist sich immer in der direkten Begegnung mit Gott. Gegenüber Gott sind die Mächte machtlos. Die Frage nach der Macht der Mächte stellt sich nicht zuerst in der Frage nach der Macht der Mächte an sich oder in der Macht der Mächte gegenüber den Menschen, sondern in ihrer Macht gegenüber Gott – und gegenüber ihm erweisen sie sich als ohnmächtig. Dies ist an einigen Beispielen aufzuzeigen.

---

[39] Hier ist nochmals an Bileam zu erinnern. Er sah den Engel nicht, bis ihm Gott die Augen dafür öffnete.

[40] Als Beispiel sei an die Schöpfung erinnert. Die Bibel schildert uns Gott als den alleinigen Schöpfer, daneben gibt es keine zweite göttliche Macht. Die Schöpfung ging deshalb auch nicht aus einem Götterkampf hervor, wie dies in manchen außerbiblischen Schöpfungsmythen erzählt wird. Dies gilt auch für Satan (s.u.). Er ist nicht Gott, sondern steht nach biblischem Zeugnis eindeutig unter Gott.

Im Zusammenhang mit der zehnten Plage vor dem Auszug Israels aus Ägypten lesen wir folgenden Satz: *„Denn ich will in derselben Nacht durch Ägyptenland gehen und alle Erstgeburt schlagen in Ägyptenland unter Mensch und Vieh und will Strafgericht halten über alle Götter der Ägypter, ich, der HERR"* (2Mo 12,12; vgl. 4Mo 33,6; Jes 19,1). Das Strafgericht an Ägyptens Göttern erweist sich so, dass sie die Tötung der Erstgeburt als zehnte und schwerste Plage (und auch die Plagen davor) und damit letztlich den Auszug Israels aus Ägypten nicht verhindern konnten.[41]

Als weiteres Beispiel ist an Bileam zu denken (4Mo 22-24). Er war bestellt worden, um Israel zu verfluchen. Aber seine Macht, die Macht seiner Auftraggeber und die Macht ihrer Götter war ohnmächtig gegenüber Gott. Im Angesicht Israels musste Bileam Gottes Volk segnen.[42]

In diesem Zusammenhang ist nochmals auf zwei Stellen in der Auseinandersetzung mit dem Baalskult einzugehen. An beiden Stellen geht es darum, dass Baal in der Auseinandersetzung mit Jahwe seine Macht zu erweisen hat. In Ri 6 wird erzählt, wie Gideon den Altar Baals niedergerissen hatte. Nachdem die Einwohner der Stadt Gideon zur Rechenschaft ziehen und ihn töten wollten, sagte Gideons Vater zu ihnen: *„Wollt ihr für Baal streiten? Wollt ihr ihm helfen? ... Ist er Gott, so streite er für sich selbst"* (Ri 6,31). Es wird nicht berichtet, dass Baal daraufhin irgendetwas bewirkt hätte. Dies wird noch deutlicher in der Begegnung Elias mit den Baalspropheten auf dem Karmel.[43] Auf einige Züge dieser Begegnung ist kurz einzugehen. Interessanterweise wählt Elia einen neutralen Ort für die Auseinandersetzung und auch sonst nimmt er keinen Vorteil für sich in Anspruch.[44] Von der ganzen Kulisse her sind die Baalspropheten im Vorteil: dies gilt zahlenmäßig, besonders aber auf dem Hintergrund der baalsfreundli-

---

41 Vgl. G. Maier, Das vierte Buch Mose, Wuppertal 1989, 463. B. Jacob, a.a.O., 320, stellt dazu fest, „daß das Ringen zwischen Mose und Pharao eine Entscheidung über die Obmacht des wahren Gottes und die Nichtigkeit der ägyptischen Götter sein sollte. ... Herr über Leben und Tod ist der wahre Gott. ... Und wann konnte dies offenbarer werden als wo es sich um Leben oder Sterben der Erstgeborenen, der Blüte jedes der beiden Völker, handelte? Da erweist sich zu Bestürzung und Schrecken der Verehrer die Nichtigkeit der Götter Ägyptens, und *diese Stunde ist deren Gericht*."

42 Vgl. dazu auch Schimis Fluch gegen David (2Sam 16,4-14). Dieser Fluch blieb letztlich ohne Wirkung, weil Gott mit seinem Erwählten David war. Auch über menschliche Segens- und Fluchworte bleibt Gott der souveräne Herr.

43 H. Ringgren, a.a.O., 304.

44 H. Schmid, Das erste Buch der Könige, Wuppertal 2000, 486-494.

chen Religionspolitik unter König Ahab. Aber alle diese vermeintlichen Vorteile, alle menschlich-religiösen Anstrengungen der Baalspropheten in einem stundenlangen Ritual bleiben ohne Erfolg. Baal reagiert nicht. Er und seine Propheten müssen sich den Spott Elias gefallen lassen.[45] Während über dem Nicht-Reagieren Baals das erschütternde und ernüchternde Urteil steht *„aber da war keine Stimme noch Antwort noch einer, der aufmerkte“* (1Kön 18,29), reagiert Jahwe, der Gott Israels, auf ein schlichtes Gebet eines Mannes und lässt Feuer vom Himmel fallen und erweist damit, dass er der wahre Gott ist.

Freilich drängt sich nun eine weitere Frage auf. Gab es nicht auch Situationen, in denen Gott Israel nicht geholfen hat? In der Tat hat Israel manche militärische Auseinandersetzung verloren. Dies hieß nach damaligem Verständnis nicht nur, dass das feindliche Heer mächtiger, sondern vor allem, dass dessen Gott stärker war. Betrachten wir entsprechende Berichte genauer, so ergibt sich folgendes Bild. Israel hat Kämpfe dann verloren, wenn diese gegen Gottes Willen waren oder wenn Ungehorsam vorausging (4Mo 14,40-45; Jos 7). D.h.: Wenn Gott seine Macht und Gegenwart zurückzog, war Raum gegeben für die Macht anderer Mächte.

Aufschlussreich ist der Bericht vom Kampf Israels gegen die Philister in 1Sam 4. Nach der ersten verlorenen Schlacht holte Israel die Bundeslade ins Heerlager. Dies löste bei den Philistern Furcht aus. Sie sagten: *„Gott ist ins Lager gekommen, und riefen: Wehe uns, denn solches ist bisher noch nicht geschehen! Wer will uns erretten aus der Hand dieser mächtigen Götter? Das sind die Götter, die Ägypten schlugen mit allerlei Plage in der Wüste“* (V. 7f). Man kann sich vorstellen, was es für die Philister bedeutet hat, dass sie diesen Kampf gewonnen haben und sogar die Lade Gottes erbeuteten (V. 11). Der mächtige und gefürchtete Gott Israels hatte sich als machtlos erwiesen. Aber damit ist die Geschichte nicht zu Ende. Die Philister brachten die Bundeslade in den Tempel ihres Gottes Dagon (1Sam 5). Damit sollte gezeigt werden, dass ihr Gott Dagon der mächtigere ist. Aber jetzt griff Gott selbst ein. Am nächsten Morgen lag Dagon auf seinem Gesicht vor der Bundeslade und dasselbe wiederholte sich – nachdem er wieder aufgestellt worden war – am nächsten Morgen, nur

[45] *„Als es nun Mittag wurde, verspottete sie Elia und sprach: Ruft laut! Denn er ist ja ein Gott; er ist in Gedanken oder hat zu schaffen oder ist über Land oder schläft vielleicht, daß er aufwache“* (1Kön 18,27).

dass nun auch seine Hände und sein Kopf abgeschlagen waren. Gott hatte auf seine Weise gezeigt, wer der wahre Gott ist.
Die Auffassung, dass sich die Macht der Götter im militärischen Sieg erweist, bringt die Rede des Rabschake bei der Belagerung Jerusalems im Jahr 701 v.Chr. durch das assyrische Heer zum Ausdruck. Er rief: *„Lasst euch von Hiskia nicht bereden, wenn er sagt: Der HERR wird uns erretten! Haben etwa die Götter der andern Völker ihr Land errettet aus der Hand des Königs von Assyrien?"* (Jes 36,18). Aber Gott schlug durch einen Engel das assyrische Heer, so dass es ohne die Einnahme Jerusalems heimkehren musste (Jes 37,36-37).
Weil Israel die Macht Gottes und die Ohnmacht der anderen Götter immer wieder erfahren hatte, musste sich die Frage nach der Macht der Mächte nochmals in ganz grundsätzlicher Weise stellen, als unter den Großreichen Assyrien und Babylonien zunächst Israel und dann Juda seine staatliche Souveränität verloren hatte und ein Teil der Bevölkerung in die Verbannung musste. Wurde nicht spätestens angesichts dieser nationalen Katastrophe, in der Jahwe Israel und Juda offensichtlich nicht mehr geholfen hatte, die Ohnmacht Jahwes und die Macht der assyrischen und babylonischen Götter offenbar? In dieser Zeit waren es die Propheten, die auf die universale Herrschaft Gottes verwiesen. Gott ist nicht nur der Gott Israels, sondern als der eine wahre Gott benützt er selbst die anderen Völker als Gerichtswerkzeug gegen Israel (Jes 10,5-6; Jer 1,15-16).
Gerade in dieser Phase wurde die Polemik gegen die Götter und Götzen als Nichtse von den Propheten in schärfster Weise formuliert.

2.2. Die Macht der Mächte

Erweist sich die Macht anderer Mächte gegenüber Gott als ohnmächtig, dann stellt sich die Frage, inwieweit solche Mächte überhaupt Macht haben. Sind sie – nicht nur im Gegenüber zu Gott, sondern ganz grundsätzlich – nur Nichtse?
Im Alten Testament wird Israel davor gewarnt, sich auf andere Mächte einzulassen. Diese Warnung wäre in ihrer Dringlichkeit unverständlich, wenn die Mächte keine Einwirkung auf denjenigen hätten, der sich auf sie einlässt.
An einigen Beispielen aus verschiedenen Bereichen ist dies zu verdeutlichen.

2.2.1. Die Macht einzelner Menschen

Die ägyptischen Zauberer sind zunächst in der Lage, wie Mose Zeichen zu tun (2Mo 7,11-12.22; 8,3).[46] Allerdings stoßen sie bald an ihre Grenzen. Die dritte Plage konnten sie nicht nachahmen (2Mo 8,14). Wenn sie dann in der Plage „Gottes Finger“ erkennen (2Mo 8,15), dann stellt sich die Frage, ob sie nicht auch in ihrem Wirken die Macht der Götter am Werk sehen.

Saul wendet sich an eine Frau, die Tote beschwören kann. Und in der Tat kann sie Samuel heraufholen von den Toten und es kommt zu einem Gespräch zwischen Samuel und Saul (1Sam 28,7-19).

5Mo 13,2-3 nennt die Möglichkeit, dass falsche Propheten, die Israel zu anderen Göttern verführen, Zeichen und Wunder ankündigen, die auch eintreffen. Israel soll ihren Worten nicht folgen.

2.2.2. Die Macht politischer Mächte

Auch politische Mächte haben Macht. Sichtbar wahrnehmbar sind zunächst die menschlichen, politischen Mächte. Der Stärkere ist der Mächtigere und ist überlegen. Für die Antike ist jedoch grundsätzlich festzustellen, dass menschliche, politische Macht immer verbunden wurde mit Religion. Insbesondere die Herrscher wurden in direkte Verbindung mit göttlichen Mächten gebracht. Vor Kriegszügen wurden die Götter befragt.[47] Siege oder Niederlagen wurden nicht nur als politische Siege, sondern in erster Linie als Siege oder Niederlagen der jeweiligen Götter verstanden (s.o. 2.1.).

Nun müssen wir zugeben, dass wir aus der Heiligen Schrift in diese Zusammenhänge verhältnismäßig wenig Einblick bekommen. Über die religiösen Mächte hinter den politischen Mächten erfahren wir im Zusammenhang mit Israel und Jahwe. Von Saul lesen wir: *„Der Geist des HERRN aber wich von Saul, und ein böser Geist vom HERRN ängstigte ihn“* (1Sam 16,14). Saul wird von einer göttlichen Macht

[46] Die Deutungen sind sehr verschieden. B. Jacob, a.a.O., 210-212, möchte in ihrem Tun lediglich Tricks erkennen. W.H. Schmidt, Exodus, BK II/2₁, Neukirchen-Vluyn, 373f, stellt dagegen fest: „Als bloßer Trick von Gauklern ... läßt sich im Sinne der Erzählung der Vorgang nicht ausreichend verstehen.“ Zu denken ist vielmehr an magische Fähigkeiten.

[47] Auch für Israel gilt, dass vor Kriegszügen nach dem Willen Jahwes gefragt wurde (2 Sam 5,19.23; 1Kön 22,5-7).

beeinflusst, von einem guten oder von einem bösen Geist.[48] In 1Kön 22,19-22 wird über eine himmlische Verhandlung berichtet mit der Fragestellung, wer König Ahab betört. Durch einen *„Geist der Täuschung"* wird Ahab dann verblendet, so dass er in den Krieg zieht und darin umkommt.[49]
An anderen Stellen wird deutlich, dass Gott die politischen Mächte lenkt, die mit Israel in Beziehung treten. In Jes 10,5-19 wird beschrieben, wie Gott das assyrische Reich als sein Werkzeug gegen Israel einsetzt. Da aber Assyrien im Hochmut den Gott Israels verkennt, wird es selbst wieder gerichtet werden. In ähnlicher Weise bezeichnet Jeremia den babylonischen König Nebukadnezar als Gottes Knecht, der seinen Willen ausführt (Jer 25,9; 40,10). Den persischen König Kyrus nennt Gott gar seinen Gesalbten (Jes 45,1).[50]
In Dan 7 werden vier politische Weltreiche in der Symbolsprache als Tiere vorgestellt. Diesen Reichen wird Macht von einer höheren Instanz, nämlich von Gott selbst gegeben[51] (Dan 7,6.12; vgl. Offb 13).

2.2.3. Die Macht Satans

Dass Satan Macht hat, zeigt Hiob 1-2. Satan kann Hiob mit schweren Schlägen heimsuchen und ihm die Gesundheit rauben. Deutlicher ist im Neuen Testament von der Macht Satans bzw. des Teufels die Rede (Eph 4,27; 6,11; 1Petr 5,8; Offb 12,12).
Im Alten Testament kommt der Satan als übermenschliche Macht[52] an drei Stellen vor (Hi 1-2; 1Chr 21,1; Sach 3,1-2). Charakteristisch für Satan ist nach diesen Stellen (und auch für das Neue Testament):

1. Satan begegnet als Ankläger und Versucher.
2. Satan steht eindeutig unter Gott.
3. Die Macht Satans ist von Gott zugelassene Macht.

Von einigen anderen Stellen her wird dies bestätigt.

---

[48] Dies darf nicht so verstanden werden, als sei der Mensch willenloses Werkzeug in der Hand Gottes. Im Leben von Saul wird deutlich, dass menschliche Entscheidungen, Gehorsam und Ungehorsam, Glauben und Unglauben dabei mitwirken.

[49] Wie schon bei Saul ist darauf hinzuweisen, dass hier nicht ein göttlicher Willkürakt greift, dem Ahab ohnmächtig ausgeliefert ist, sondern dass diese Maßnahme Jahwes Reaktion auf die Verehrung anderer Götter durch Ahab ist.

[50] Vgl. dazu Joh 19,11; Röm 13,1.

[51] G. Maier, Der Prophet Daniel, 269.

[52] Das von der hebräischen Sprache abgeleitete Wort „Satan" kann im Sinne von „Widersacher", „Feind", „Versucher" auch für Menschen verwendet werden (1Sam 29,4; 1Kön 5,18; 11,14.23; Mt 16,23).

Die Schlange wird in 1Mo 3,1 noch nicht mit Satan identifiziert. Dies geschieht erst in Offb 12,9. Doch enthüllt die weitere Offenbarungsgeschichte ihre typisch satanischen Züge. Die Schlange tritt auf als Versucher und diskutiert mit Adam und Eva über Gottes Wort (vgl. Mt 4,1-11). Ferner wird die Schlange als *„listiger als alle Tiere auf dem Felde, die Gott der HERR gemacht hatte"* gekennzeichnet. Sie steht also über den Tieren und ist doch gleichzeitig ein Geschöpf Gottes. Sie steht zwischen Gott und der Schöpfung.

Nach Mt 4,1 *„wurde Jesus vom Geist in die Wüste geführt, damit er von dem Teufel versucht würde"*. Gottes Geist bringt Jesus an den Ort, in die Situation, dass der Teufel ihn versuchen kann. Der satanische Versucher und Gottes Zulassung kommen auch hier zusammen.

In der letzten Doppelbitte des Vaterunsers *„und führe uns nicht in Versuchung, sondern erlöse uns von dem Bösen"* (Mt 6,13) werden ebenso die Versuchung und der Böse zusammen genannt. Gleichzeitig wird durch die Bitte an Gott deutlich, dass Satans Macht von Gottes Zulassung abhängig ist.

Die Verbindung von der Macht Satans einerseits und von der Unterordnung Satans unter Gott andererseits wirft noch einmal ein Licht auf die oben angeführten Stellen 1Sam 16,14 und 1Kön 22,22. Diese Stellen dürfen kaum so zu verstehen sein, dass Gottes Geist böse ist oder einem Lügengeist gleicht. Sondern Gott lässt Mächten Raum, die Böses wirken bzw. in diesem Sinne auf Menschen einwirken.

2.2.4. Die Macht der Götter

Nun stellt sich eine nicht einfache Frage auf: Stehen auch hinter den Göttern und Götzen übermenschliche, gar gottfeindliche Mächte? Nach allem, was wir bisher bedacht haben, ist davon auszugehen, dass hinter den Göttern reale Mächte stehen.[53]

Dies begründet, warum die Warnung vor der Verehrung anderer Götter im Alten Testament so betont an erster Stelle steht. Auch das Verbot jeglicher okkulten Praktiken ist letztendlich nur zu verstehen, wenn es dabei nicht um harmlose Spielchen geht, sondern wenn gewisse Mächte dahinter stehen.

Außerdem ist zu berücksichtigen, dass die Verehrung eines bestimmten Gottes das Leben der Verehrer prägt. Religion ist eben nicht gleich Religion. Der Glaube hat konkrete Auswirkungen auf das Leben. Re-

[53] Zu dieser Thematik aus der Sicht des Neuen Testaments vgl. den Beitrag von V. Gäckle in diesem Buch, 63ff.

ligion ist eine Macht. Wäre diese Macht lediglich eine menschliche Macht, wären die Götter und Götzen gleichsam nur das Produkt der menschlichen Phantasie bzw. Gottesbilder, dann müsste vor den Menschen, nicht aber vor der Verehrung anderer Götter gewarnt werden. Das erste Gebot würde seine Dringlichkeit verlieren.

Die Frage „Gott oder Götter" verbindet sich biblisch mit der Frage „Segen oder Fluch", „Leben oder Tod" (5Mo 28.30). Damit sind wiederum Bereiche berührt, die die Möglichkeit des Menschen übersteigen und auf höhere Mächte weisen. Nach biblischer Aussage ist der Tod ein Feind, der letzte Feind, der allerdings durch Jesus Christus besiegt ist (1Kor 15,26.57). Weil sich mit der Öffnung des Menschen für Gott oder die Götter die Frage nach Leben oder Tod entscheidet, bekommt das erste Gebot seine letzte Dringlichkeit.

2.3. Die Macht der Mächte ist zugelassene Macht

Wir haben festgestellt, dass es für den biblischen Glauben nur einen Gott gibt, gleichzeitig aber Gott untergeordnete Mächte, die in positiver und negativer Weise Macht ausüben.

Da Gott der einzige und damit der souveräne Gott ist, ist die Macht der Mächte und die Macht der Götter, ja auch die Macht Satans und des Todes, letztlich von Gott zugelassene Macht.[54] Diese Feststellung hat für den Glaubenden zwei verschiedene Folgen: die Anfechtung und das Vertrauen. Die Anfechtung entsteht aus der Frage: Warum lässt Gott diesen Mächten die Macht? Wir können diese Frage letztlich nicht beantworten. Es liegt in Gottes Ratschluss begründet, dass und wie lange er den Mächten die Macht zulässt. Auf der anderen Seite steht das Vertrauen zu Gott aufgrund der Überzeugung, dass Gott diese Mächte kontrolliert und in der Hand hat, und dass deshalb die Weltgeschichte keinem ungewissen Ausgang entgegengeht. Die Frage, wer letztendlich siegt, ist eigentlich gar keine Frage mehr, da Gott der souveräne Herr ist und weil durch Jesus der Böse schon besiegt ist (Lk 12,18; Joh 12,31; Offb 12,9-11).

Die Tatsache, dass Gott allein der wahre Gott ist, und dass alle anderen Mächte von Gott zugelassene Macht haben, erklärt auch biblische Aussagen, die zunächst widersprüchlich erscheinen. Auf der einen Seite stehen die Aussagen, dass das Böse durch böse Mächte gewirkt

[54] Ganz deutlich ist dies in Bezug auf Satan in Hiob 1-2. Gott setzt Satan die Grenzen, wie weit er in der Prüfung Hiobs gehen kann.

wird (zu denken ist z.B. an die biblischen Aussagen über Satan). Auf der anderen Seite lesen wir, dass das Böse im Sinne von Unheil und Gericht von Gott kommt.[55]

Wie sind diese spannungsvollen Aussagen zu erklären? Der Bereich der Mächte und das genaue Verhältnis Gottes zu den Mächten ist in der Heiligen Schrift nur begrenzt geoffenbart (s.u.). Klar ist, dass es zugelassene Mächte gibt, die Unheil wirken. Da aber Gott der einzige Gott ist, ist er die letzte Instanz, von der her letztlich alles zu erklären ist. Der Glaubende wendet sich ausschließlich an Gott und an keine anderen Mächte. Deshalb nimmt er letztlich auch das Unheil aus seiner Hand.[56]

Und ein weiterer Aspekt ist zu bedenken. Im Bereich der Offenbarung ist die Frage, unter wessen Macht die Menschen stehen, nicht willkürlich zu beantworten. Gott erhebt Anspruch auf die Menschen durch seine gnädige Zuwendung verbunden mit der Forderung des Gehorsams. Wo sich Menschen diesem Anspruch entziehen, entziehen sie sich dem Bereich Gottes und öffnen sich anderen Mächten. Deutlich wird dies an Saul. Nach wiederholtem Ungehorsam und nur halbherziger Buße (1Sam 13.15), lesen wir den erschütternden Satz: *„Und er befragte den HERRN; aber der HERR antwortete ihm nicht, weder durch Träume noch durch das Los ‚Licht' noch durch Propheten"* (1Sam 28,6). Wo Gott seinen Einfluss zurückzieht, wo Gott seinen Geist wegnimmt, entsteht Raum für andere Geister und Mächte aufgrund menschlichen Ungehorsams (vgl. 1Sam 16,14).

3. Zusammenfassung

1. Vom Gesamtthema des Buches her haben wir uns konzentriert auf zwei Fragenkreise.
   Wir haben zunächst festgestellt, dass im Alten Testament von Gott und verschiedenen Göttern die Rede ist. Dennoch steht fest, dass

---

[55] Z.B. Jes 45,6b-7: *„Ich bin der HERR, und sonst keiner, der ich das Licht mache und schaffe die Finsternis, der ich Frieden gebe und schaffe Unheil. Ich bin der HERR, der dies alles tut."* Oder Am 3,6: *„Ist auch ein Unglück in der Stadt, das der HERR nicht tut?"*

[56] Die hier thematisierte Spannung zeigt sich sehr deutlich bei Hiob. Einerseits lässt Gott die Prüfung an Hiob durch Satan zu, andererseits wendet sich Hiob einzig an Gott und sagt: *„Der HERR hat's gegeben, der HERR hat's genommen; der Name des HERRN sei gelobt"* (Hi 1,21); *„Haben wir Gutes empfangen von Gott und sollten das Böse nicht auch annehmen?"* (Hi 2,10).

allein Jahwe, der Gott Israels, der einzige und wahre Gott ist. Dies schließt allerdings nicht aus, dass es zwischen Himmel und Erde Mächte gibt, die zwar diesem Gott untergeordnet sind, aber in unterschiedlicher Weise ihre Macht auf Menschen ausüben.
Sodann war die Frage, inwiefern diese Gott untergeordneten Mächte Macht haben. Gegenüber Gott sind diese Mächte ohnmächtig. Sie haben Macht, soweit Gott diese Macht zulässt, u.a. auch aufgrund von menschlichem Ungehorsam.

2. Wir haben immer wieder unser begrenztes Wissen über die Mächte und insbesondere über das Böse festgestellt. Dies ist begründet in der Offenbarung. Gott offenbart in seinem Wort in erster Linie sich selbst, wer er ist, was er tut und was er will. Die Erkenntnis der Mächte und insbesondere des Bösen tritt dagegen in der Offenbarung zurück. Die Offenbarung Gottes hat einen Vorsprung vor der Offenbarung des Bösen. Zum Schutz des Menschen vor dem Bösen ist ihm das Böse zu einem großen Teil verborgen. Aus diesem Grunde können wir im Blick auf das Böse viele Fragen nicht beantworten. Wir sollten zu unserem eigenen Nutzen diese Begrenzung akzeptieren. Gott schützt uns vor dem Bösen, indem er uns das Böse zu einem Teil verbirgt.
3. Die Botschaft des Alten Testaments ist geprägt von der Schöpfung des Universums und der Erwählung Israels durch Gott. Gleichzeitig findet die universale Schöpfungsaussage ihre Entsprechung in der Verheißung. Gott will das Heil nicht nur für Israel, sondern für Israel und die Völker. Diese Verheißung findet ihre Erfüllung in Jesus Christus. In ihm wendet sich Gott an alle Menschen. In ihm erhebt er den Anspruch, der Gott und Herr und das Heil aller Menschen zu sein. *„In Christus liegen verborgen alle Schätze der Weisheit und der Erkenntnis"* (Kol 1,3).

Jesus ist Herr – die Macht Jesu und die Macht der Mächte

von Martin Flaig

„Man kann nicht elektrisches Licht und Radioapparat benutzen, in Krankheitsfällen moderne medizinische und klinische Mittel in Anspruch nehmen und gleichzeitig an die Geister - und Wunderwelt des Neuen Testaments glauben.“[1]

Dieses einem aufgeklärten Denkmuster[2] folgende Diktum Rudolf Bultmanns hat die Überzeugung einer ganzen Kulturepoche zum Ausdruck gebracht und bestimmt auch heute teilweise noch das theologische Denken. Der Unvereinbarkeit von Moderne und neutestamentlichem Weltbild wie sie Bultmann behauptete, muss jedoch mit Nachdruck widersprochen werden. Denn in letzter Konsequenz ist damit nicht nur die Glaubwürdigkeit der „Geister - und Wunderwelt des Neuen Testaments“ in Frage gestellt, sondern der gesamte Bereich des Übernatürlichen, wie er uns im Zeugnis des Neuen Testaments begegnet. Dazu gehören nicht nur sämtliche Aussagen über die unsichtbare himmlische Welt und Wirklichkeit Gottes und — im Gegenüber dazu — Aussagen über die Welt und Wirklichkeit des Bösen, des Teufels und der Dämonen, sondern auch wesentliche Aussagen zu Person und Wesen Jesu, zu seiner Gottheit und Macht.

Anhand welchen Kriteriums könnte aber innerhalb des skizzierten Bereiches des Übernatürlichen zwischen heute noch glaubwürdigen und unglaubwürdigen Aussagen des Neuen Testaments unterschieden werden? Eben dies ist aber ein gängiges Vorgehen. So kann etwa ein theologischer Ansatz aus dogmatischen Gründen an der Gottessohnschaft und Auferstehung Jesu festhalten, während er die Glaubwürdigkeit und Historizität der Wunder Jesu aus denselben Gründen in Frage stellt. Die Grenzlinie zwischen Glaubwürdigkeit und Unglaub-

---

1 R. Bultmann, Neues Testament und Mythologie. Das Problem der Entmythologisierung der neutestamentlichen Verkündigung, in: H. W. Bartsch (Hrsg.), Kerygma und Mythos. Ein theologisches Gespräch Bd. 1, Hamburg 1948, 18.

2 Vgl. O. Böcher, Art. Dämonen I, in: TRE Bd. 8, 274. Die naturwissenschaftliche Aufklärung des 17. und 18. Jahrhunderts verbannte den Dämonismus in den Untergrund des Aberglaubens.

würdigkeit biblischer Texte verläuft je nach Theologie an einer anderen Stelle.
Besonders eine Theologie, die den Anspruch hat, „schriftgemäß" zu sein, muss sich prüfen, inwiefern sie nicht selbst eine solche, letztlich willkürliche Unterscheidung vornimmt. Es wäre m.E. genauso inkonsequent, einerseits an der Historizität von Wundern festzuhalten, mit einer unsichtbaren Welt und Wirklichkeit Gottes zu rechnen und an Jesus als den Christus, den Sohn Gottes zu glauben, und andererseits die Mächte der Finsternis, den Teufel und die Dämonen, im Bultmann´schen Sinn als mythologische Elemente eines überholten antiken Weltbildes zu verstehen. Das eine ist nicht ohne das andere zu haben. Wer die im Neuen Testament bezeugte antigöttliche Welt exegetisch ausblendet, kann die göttliche Welt und Wirklichkeit in Bezugnahme auf das Neue Testament nicht mehr begründen.[3]
Was erfahren wir aber im Neuen Testament über die Welt und Wirklichkeit des Bösen, des Teufels und der Dämonen? Ist mit der Existenz dieser dunklen Mächte zu rechnen? Und wenn ja — wieviel Macht haben die(se) Mächte? Wie verhalten sich die Macht Jesu und diese Mächte zueinander? Und was bedeutet dies für uns als Christen?

1. Die Macht der Mächte

1.1. Die Existenz der Mächte

Die reale Existenz finsterer Mächte wird an keiner Stelle des Neuen Testaments bezweifelt. Im Gegenteil: Sowohl in den Evangelien und der Apostelgeschichte als auch in den Briefen und nicht zuletzt der Offenbarung wird deutlich: Das Böse ist keine abstrakte Größe, sondern tritt als personale Macht im Teufel bzw. Satan und den bösen, unreinen[4] Geistern bzw. Dämonen[5] auf.

---

[3] Vor einer vorschnellen Bagatellisierung zentraler Anschauungen des Neuen Testaments warnt in diesem Zusammenhang etwa auch E. Käsemann.
Vgl. E. Käsemann, Kirchliche Konflikte Bd. 1, Göttingen 1982, 189.

[4] Auch das antike Judentum qualifizierte dämonischen Einfluss als Unreinheit. Vgl. O. Böcher, Art. Dämonen IV, in : TRE Bd. 8, 279.

[5] Diese finsteren Mächte werden im Neuen Testament nicht als selbständige Wesen verstanden, sondern als Diener Satans. Vgl. A. Fridrichsen, Jesu Kampf gegen die unreinen Geister, in: A. Suhl (Hrsg.), Der Wunderbegriff im Neuen Testament. Wege der Forschung Bd. 295, Darmstadt 1980, 254.

Ohne die Wirklichkeit finsterer Mächte und deren Wirken können weite Teile des Neuen Testaments nicht sachgemäß verstanden werden: Weder die Wirksamkeit Jesu noch sein Leiden, Sterben und Auferstehen, weder zahlreiche Weisungen der neutestamentlichen Briefe noch eine Reihe eschatologischer Aussagen des Neuen Testaments lassen sich verstehen, ohne an der Existenz und Wirksamkeit finsterer Mächte festzuhalten.

1.2. Die Manifestation des Bösen in der Welt

Man braucht nicht dem biblischen Zeugnis verpflichtet sein, um darin übereinzustimmen: Das Böse manifestiert sich in dieser Welt auf vielfältige Weise; es äußert sich in politischen Unrechtssystemen und ihren Diktatoren, in Kriegen, Hass und Gewalt, in Kriminalität und Brutalität, in Unterdrückung und sozialer Ungerechtigkeit, genauso wie in der lebenszerstörenden Macht von Krankheit und Tod.

Das Böse in der Welt hat aber nach dem Neuen Testament seinen Ursprung in *dem* Bösen.[6] Wenn Jesus vom Satan als dem *„Fürst dieser Welt“*[7] spricht, versteht er die Welt als dessen Reich und damit als dessen Herrschaftsbereich. Nach Lk 4,5f hat der Teufel Macht über *„alle Reiche der Welt“*, die er wiederum geben kann, wem er will. Doch hat Satan diese Macht nicht aus sich selbst, vielmehr ist sie auch ihm übergeben (Lk 4,6) und damit begrenzt.

Satans Wirken entspricht seinem Wesen als *„Feind“* Gottes (Mt 13,39), *„Widersacher“* (2Thess 2,4; 1Petr 5,8) und *„Durcheinanderbringer“*[8]. Sein ganzes Wirken ist antigöttlich ausgerichtet und hat die Zerstörung der guten Werke Gottes – seiner guten Schöpfung, des Lebens und der Menschen – zum Ziel.

Satan versucht deshalb auch das zunichte zu machen, was in der Verkündigung des Wortes Gottes gesät wird (Mk 4,15). Als Feind Gottes sät er das Unkraut unter den guten Samen, das die *„Kinder des Bösen“* hervorbringt. (Mt 13,38f).

Von dieser grundsätzlichen Macht Satans über diese Welt und die Menschheit ist die Besessenheit einzelner Menschen zu unterscheiden. Der teuflische bzw. dämonische Einfluss auf eine Person kann nach dem Neuen Testament von unterschiedlicher Art sein. Besessenheit kann als „teuflische Inspiration“ verstanden werden, die einen

6 Vgl. M. Limbeck, in: H. Haag (Hrsg.), Teufelsglaube, Tübingen 1974, 273.

7 Vgl. Joh 12,31; 14,30; 16,11.

8 Das griech. διάβολος wird in der Regel mit „Teufel“ wiedergegeben.

MenOschen in Besitz nimmt und sein Personzentrum beherrscht, so dass in ihm ein fremder, satanischer Wille wirkt, der in seinem Denken, Reden und Verhalten zum Ausdruck kommt. Indem Satan Menschen okkupiert, können sie zu Werkzeugen seiner Macht werden.[9] Doch begegnen uns im Neuen Testament viel häufiger Formen einer Besessenheit von Menschen, die mit einer teuflischen Inspiration des Willens und Wesens eines Menschen nichts zu tun haben, sondern sich in ihrem Einfluss auf den somatischen bzw. psychosomatischen Bereich beschränken.

2. Jesus, der Herr über die Mächte

2.1. Jesus, der Herr über den Teufel

Mit seinem Kommen in diese Welt bricht Jesus in das Reich des Teufels ein und sagt ihm den Kampf an. Der damit eröffnete Machtkampf wird in der Versuchungsgeschichte Mt 4,1-11 anschaulich. Hier wird von einer ersten Konfrontation Jesu mit dem Teufel berichtet.

Der Teufel versucht Jesus auf verschiedenen Wegen mit dem Ziel, sich Jesus, den er als den Sohn Gottes kennt (V.6), zu unterwerfen und ihm Anbetung abzuringen (V.9; vgl. auch Lk 4,7). Deshalb bietet er Jesus die ihm eigene Macht über *„alle Reiche der Welt“* (V.8) an. Doch Jesus widersteht der Versuchung des Teufels siegreich, so dass die wahren Machtverhältnisse von vornherein deutlich werden:

In Jesus begegnet Satan dem Mächtigeren, der das satanische Machtangebot energisch zurückweist. Ihren Grund hat diese Zurückweisung nicht nur im bewussten Machtverzicht Jesu – wie er sich besonders in seinem Leiden und Sterben erweist –, sondern vor allem in der uneingeschränkten Macht Jesu selbst. Er ist auf die eingeschränkte Macht des Teufels nicht angewiesen. Am Endpunkt seiner irdischen Wirksamkeit angekommen wird Jesus vielmehr sagen: *„Mir ist gegeben alle Macht im Himmel und auf Erden“* (Mt 28,18).

---

[9] Man denke etwa an eine biblische Gestalt wie Judas Ischarioth (vgl. Joh 13,2.27). Erkennbar wird dies aber auch immer wieder in der Weltgeschichte, etwa an Personen wie Adolf Hitler und deren dämonischer Machtausübung.

Jesus ist der Herr[10], dessen Befehl der Teufel gehorchen muss. Der Teufel muss von Jesus weichen, während die Engel dem Sieger dienen (V.10f).

Ohne freilich den Kampf gegen Jesus aufzugeben, hat ihn Satan damit schon von Anfang an verloren. In Jesus wird er aus der Offensive in die Defensive verwiesen. Unter diesem Vorzeichen steht die gesamte nun beginnende Wirksamkeit Jesu, des Sohnes Gottes, der dazu *„erschienen (ist), dass er die Werke des Teufels zerstöre“* (1Joh 3,8).

Jesu Heilswirken – sein wirkmächtiges Reden und Tun wie auch sein Sterben und Auferstehen – dienen der Aufrichtung der Gottesherrschaft im Kampf gegen die Herrschaft des Bösen.[11]

2.2. Jesus, der Herr über die Dämonen

2.2.1. Die umstrittene Macht Jesu

Die Macht Jesu, die etwa in seiner Wundertätigkeit offenbar wurde, mussten auch seine Gegner anerkennen. Auf dem Hintergrund des Streits um die Person Jesu war jedoch das *Woher* seiner Macht umstritten.[12]

Ausgerechnet der Kampf Jesu gegen die Macht des Bösen rief die Frage nach dem Hintergrund seiner Macht auf den Plan. Es war Jesu exorzistisches Wirken, das den Vorwurf der Pharisäer provozierte, er würde die Dämonen mit Hilfe Beelzebuls, dem Obersten der Dämonen, austreiben (vgl. Mt 12,22-24 par).

Die Ausführlichkeit mit der Jesus diesem Vorwurf entgegentritt, lässt die Brisanz dieses Vorwurfs erkennen. Hier steht sowohl Jesu Person

---

10 Griech. κύριος. Die Septuaginta, die griechische Übersetzung des Alten Testaments, ersetzt das Tetragramm (den Gottesnamen יהוה) durch den Begriff κύριος und drückt damit die uneingeschränkte Macht Gottes über alles aus. Im Neuen Testament wird der κύριος-Titel auf Jesus übertragen. Damit bekennt sich die neutestamentliche Gemeinde zu Jesus als dem Herrn und bezeugt seine Gottheit. Jesus, der Sohn Gottes, „übt die Herrschaft Gottes der Welt gegenüber aus“ und überwindet alle Gegenmächte (W. Foerster, Art. κύριος im NT, in: ThWNT Bd. 3, 1089). „In ihm handelt Gott so, wie es das Alte Testament vom κύριος aussagt“ (a.a.O., 1094).

11 Nach Lk 4,13 *„wich er (der Teufel) von ihm (Jesus) eine Zeit lang“*. Dass der Teufel seinen Kampf nicht aufgibt, zeigt sich im weiteren Verlauf der Wirksamkeit Jesu in der Begegnung mit den finsteren Mächten und hat seine Spitze in Jesu Passion und Tod. Entsprechend seiner antigöttlichen Zielsetzung setzt sich Satan dem Wirken Jesu mit Vehemenz entgegen. Wo Wort und Tat Jesu satanischer Macht begegnen, kommt es daher zum Kampf.

12 Vgl. z.B. Mt 21,23-27 par; Joh 9,16; 10,19-21.

als auch seine gesamte Wirksamkeit auf dem Spiel. Wäre Jesu Macht satanischen Ursprungs, so würde sein exorzistisches Wirken den Kampf Satans gegen sich selbst und sein eigenes Reich bedeuten. In Jesu Wirksamkeit würde dann Satan seine Selbstzerstörung betreiben. Mit der Abwegigkeit dieser Annahme entlarvt Jesus den Vorwurf seiner Gegner als falsch und weist auf den göttlichen Ursprung seiner Macht und den Kern seiner Wirksamkeit hin: *„Wenn ich aber die bösen Geister durch den Geist Gottes*[13] *austreibe, so ist ja das Reich Gottes zu euch gekommen"* (Mt 12,28).

2.2.2. Die unumstrittene Macht Jesu

Die unter den Menschen in der sichtbaren Welt umstrittene Frage nach der Person Jesu und dem Hintergrund seiner Macht ist in der unsichtbaren Welt unumstritten. Was vor den Augen der Welt während der irdischen Wirksamkeit Jesu und bis zur Gegenwart verborgen ist, ist Satan und seinen Mächten offenbar.

Die Reaktionen der finsteren Mächte, denen Jesus begegnet, bestätigen dies immer wieder aufs Neue:

Mk 1,21-28 etwa berichtet, wie Jesus in der Synagoge in Kapernaum mit Vollmacht lehrte, was zum Entsetzen seiner Zuhörer über seine Lehre führte. Aufschlussreich ist in diesem Zusammenhang die Reaktion eines von einem unsauberen Geist besessenen Synagogenbesuchers. Aus ihm spricht der unsaubere Geist stellvertretend für die finsteren Mächte: *„Was willst du von uns, Jesus von Nazareth? Du bist gekommen, uns zu vernichten. Ich weiß, wer du bist: der Heilige Gottes!"* (V.24).

Mit dieser Reaktion ist sowohl das Wesen als auch das Wirken Jesu präzise beschrieben. Die Welt der finsteren Mächte kennt Jesus.[14] Sie weiß, wozu er gekommen ist[15] und hat Angst vor ihm, denn sie ist sich seiner göttlichen Macht bewusst, gegenüber der sie ohnmächtig ist.

In Jesus begegnet sie dem wahren Herrn.

2.2.3. Die befreiende Macht Jesu

Wie aus seiner Predigt in der Synagoge von Nazareth (Lk 4,16-21) hervorgeht, sieht Jesus in seiner Sendung die Erfüllung von Jes 61,1f. Zu seinem Auftrag gehört damit auch *„den Gefangenen (zu predigen),*

---

13 Bzw. durch *„Gottes Finger"* (Lk 11,20).

14 Vgl. z.B. Mt 4,3; 8,29; Mk 3,11; Lk 8,28f.

15 Vgl. z.B. Mt 8,29; Mk 5,10; Lk 8,31.

dass sie frei sein sollen" (Lk 4,18). Diesem Auftrag kommt Jesus u.a. in seinem Kampf gegen die Dämonen und in der Befreiung dämonisch besessener, und damit gefangener, Menschen nach.
Befreit Jesus Menschen von ihrer Besessenheit, dann dringt er in den Herrschaftsbereich Satans ein, entmachtet ihn und führt die Menschen, die sich in seiner Gewalt befinden aus der Gefangenschaft. Als der Stärkere dringt er in das Haus des Starken ein, und bindet ihn, um ihm dann seinen Hausrat zu rauben (Mt 12,29 par).[16]
Nicht nur sein exorzistisches, sondern sein gesamtes Wirken an den und für die Menschen versteht Jesus als die Befreiung von Gefangenen: *„Wenn euch nun der Sohn frei macht, so seid ihr wirklich frei"* (Joh 8,36). Damit ist nicht nur die Macht der Sünde und des Todes angesprochen, sondern auch die Macht des Bösen. Denn der Teufel *„ist ein Mörder von Anfang an und steht nicht in der Wahrheit; denn die Wahrheit ist nicht in ihm"*. Er ist der *„Vater der Lüge"*, unter dessen Einfluss ein Mensch der Wahrheit nicht glaubt (Joh 8,44f). Auch der Glaube an die Wahrheit, die in Jesus Person geworden ist (Joh 14,6), setzt demnach die Befreiung eines Menschen aus der Gefangenschaft des Teufels voraus. Somit lässt sich die gesamte Wirksamkeit Jesu in einem Wort zusammenfassen: Freiheit.[17]

2.2.4. Die Macht und Ohnmacht der Dämonen

Wieviel Macht die Mächte haben, wird vor allem an den vielen von Dämonen bzw. unsauberen Geistern besessenen Menschen deutlich, von denen die Evangelien und die Apostelgeschichte berichten. Die Macht dieser Mächte wird in den unterschiedlichsten lebenszerstörenden Wirkungen sichtbar.
Unverkennbar ist aber auch die Ohnmacht der finsteren Mächte gegenüber der Macht Jesu. Die Wunder und Exorzismen waren Zeichen des anbrechenden Reiches Gottes, Zeichen der Heilszeit, die mit Jesu Kommen in diese Welt begann. Sie unterstreichen Sinn und Ziel seiner Wirksamkeit und weisen hin auf den Herrn über die Mächte.[18]

---

16 Es handelt sich hier um ein Bild, das Jesus gebraucht, um damit seine Macht über Satan auszudrücken. Jesu Wirksamkeit – besonders gegen die Dämonen – entmachtet Satan und lässt dessen Machtlosigkeit gegenüber Jesus erkennen. Eine Gefangennahme Satans, die zu dessen Handlungsunfähigkeit führt, erfolgt jedoch erst im Millenium (vgl. Offb 20,1-3).

17 Vgl. E. Käsemann, Kirchliche Konflikte Bd. 1, Göttingen 1982, 197.

18 Soweit ich sehen kann, werden die finsteren Mächte im Neuen Testament nirgendwo thematisiert, ohne dass zugleich von Jesus Christus und seiner Macht die Rede ist.

Dies zeigt etwa der Fortgang des in 2.2.2. angeführten Beispiels aus Mk 1,21-28: Auf Jesu drohenden Befehl hin muss der böse Geist sein Opfer verlassen und verstummt. Wie der Teufel selbst (Mt 4,10f) muss also auch dieser böse Geist Jesu Befehlen Gehorsam leisten, was die Umstehenden ins Staunen versetzt: *„Was ist das? Eine neue Lehre in Vollmacht! Er gebietet auch den unsauberen Geistern, und sie gehorchen ihm!"* (V.27).

Diese Vollmacht Jesu gegenüber den Mächten der Finsternis wird in seinem Wirken vielfach ersichtlich. Einige Beispiele:

a) Nach Mk 3,11f fallen die unsauberen Geister vor Jesus nieder, denn sie wissen, wer ihnen in Jesus begegnet: *„Du bist Gottes Sohn!"*. Jesus erweist sich als der Herr, der Macht über sie hat und sie hart bedroht, ihn nicht offenbar zu machen.

b) Die beiden in Mt 8,28-32 beschriebenen dämonisch Besessenen gelten als gefährlich, weshalb sich – wohl aus Angst – niemand in ihre Nähe wagt (V.28). Umgekehrt haben die Dämonen jedoch Angst vor Jesus, der in ihre Nähe kommt: *„Was willst du von uns, du Sohn Gottes? Bist du hergekommen, uns zu quälen, ehe es Zeit ist?"* (V.29). Gegenüber Jesus erscheinen sie als die flehend Bittenden – *„willst du uns austreiben, so lass uns in die Herde Säue fahren"* (V.31) –, die seinem Befehl gehorchen müssen und dann samt der Schweineherde umkommen (V.32).

c) Mk 5,1-20 erzählt nur von einem der beiden Besessenen, der wohl aufgrund seiner Gefährlichkeit in Ketten gelegt wurde, diese jedoch in übernatürlicher Kraft zerrissen hatte und durch nichts und niemanden zu bändigen war. Die zerstörerische Wirkung des Dämons auf diesen Mann kommt hier außerdem durch sein masochistisches Verhalten (V.5) zum Ausdruck. Aus Lk 8,26-39 erfahren wir über weitere Auswirkungen der Besessenheit dieses Mannes: Er ist nackt, wohnt in Grabhöhlen statt in einem Haus und wird von der dämonischen Macht in die Einöde, also in die Einsamkeit getrieben.

Als er Jesus sieht, schreit er auf und fällt vor ihm nieder (Lk 8,28). Der Dämon kennt Jesus als den *„Sohn Gottes, des Allerhöchsten"* (Mk 5,7) und hat Angst, von Jesus gequält[19] und aus der Gegend vertrieben zu werden (V.10). Er versucht Jesus zu beschwören, muss ihm jedoch seinen Namen preis geben, was einer Unterwerfung gleich-

[19] Die Angst der Dämonen, von Jesus gequält zu werden, besteht nach Lk 8,31 darin, von ihm in die Hölle geschickt zu werden.

kommt.[20] Aus seiner Antwort – *„Legion heiße ich, denn wir sind viele“* (V.9) – lässt sich erkennen, dass es sich bei dem Dämon um eine Macht handelt, hinter der sich eine Vielzahl von Dämonen verbirgt.[21]
Die Befreiung des Mannes durch Jesus hat eine radikale Veränderung seines Wesens zur Folge: Der, der kurz zuvor noch in Grabhöhlen wohnte, wie ein Wilder schrie, sich mit Steinen schlug, mit übernatürlicher Kraft seine eigenen Ketten zerreißen konnte und als gefährlich galt, sitzt jetzt bekleidet und vernünftig da (V.15). Jesus selbst bezeichnet sein befreiendes Wirken an diesem Mann als Wohltat und beauftragt ihn, davon weiterzuerzählen (V.19). Dass sein Handeln Gottes Handeln ist, wird an dieser Stelle einmal mehr deutlich.[22]
In dem allem werden Macht und Ohnmacht der Dämonen und damit die wahren Machtverhältnisse deutlich. Die lebensfeindliche Macht der Dämonen über Menschen wird durch Jesus gebrochen. Er erweist sich als der Herr über die Mächte und in seinem befreienden Handeln als der Erlöser der Menschen.

Exkurs: Dämonie und Krankheit

Eine für die Seelsorge und Therapie der Gegenwart wichtige Frage ist die nach dem Verhältnis von dämonischer Besessenheit und körperlicher Krankheit[23] zueinander. Was lässt sich diesbezüglich aus den Heilungsberichten des Neuen Testaments erschließen?
Eine erste Beobachtung: In Mt 4,24 wird zusammenfassend von Menschen berichtet, die zu Jesus gebracht und von ihm geheilt wurden. Dabei werden die von Dämonen Besessenen[24] als eine Gruppe neben anderen Kranken genannt. Es besteht also schon im Neuen Testament eine differenzierte Sicht der Dinge: Es unterscheidet deutlich zwischen Besessenheit und anderen Erkrankungen. Die Betroffenen beider Gruppen erfahren jedoch Heilung, woraus geschlossen werden

---

20 Vgl. G. Wanke, Art. Dämonen II, in: TRE Bd. 8, 276.

21 Dies bestätigt auch Lk 8,27, wo von mehreren Geistern die Rede ist, die in den Mann gefahren waren und ihn schon lange plagten.

22 Jesus befiehlt dem Befreiten nach Hause zu gehen und weiterzusagen, was *Gott* ihm getan hat, worauf dieser geht und erzählt, was *Jesus* ihm getan hat (Lk 4,39).

23 Die im Folgenden angeführten Beispiele somatischer und psychosomatischer Krankheitsphänomene sind von jenen Fällen zu unterscheiden, bei denen ein dämonischer Einfluss im Sinne einer teuflischen Inspiration vorliegt (Beispiele für eine solche sind etwa Mt 8,28-32; Mk 5,1-20). Vgl. zu dieser Unterscheidung 1.2.

24 Griech. δαιμονιζόμενους. Dieses Partizip wird in der Regel mit „(von Dämonen) Besessene“ wiedergegeben.

kann, dass auch Besessenheit in gewissem Sinn als Krankheit verstanden wird.[25]

Eine zweite Beobachtung: In den Evangelien und der Apostelgeschichte finden sich sowohl Heilungsberichte, bei denen ein Zusammenhang zwischen Dämonie und körperlicher bzw. psychischer Krankheit gesehen wird, als auch solche, bei denen ein dämonischer Einfluss als Ursache der Krankheit nicht erwähnt wird.

Einige Beispiele hierzu:

a) Ein Zusammenhang von Dämonie und Krankheit kann etwa aus Mt 9,32f abgeleitet werden. Jesus besiegt die krankhafte Wirkung des Dämons, indem er denselben austreibt. Dadurch befreit er den Stummen von seinem Leiden, so dass er zu reden beginnt.

b) Ähnliches geht auch aus Mt 12,22-24 hervor. Hier heilt Jesus einen von einem Dämon besessenen Stummen und Blinden. Spätestens aus der Reaktion der Pharisäer (V.24) kann geschlossen werden, dass Jesus diesen Mann von seinem Dämon befreite und die Heilung seiner Verstummung und Blindheit damit in unmittelbarem Zusammenhang stand.

c) Ohne die wohl krankhafte Wirkung näher zu bestimmen, berichtet die kanaanäische Frau in Mt 15,21-28 wie ihre Tochter *„von einem bösen Geist übel geplagt (wird)“* (V.22). Auch hier kann also ein Zusammenhang von Krankheit und Dämonie gesehen werden. Die Heilung der Tochter erfolgt in diesem Fall auf das Wort Jesu hin: *„Frau, dein Glaube ist groß. Dir geschehe, wie du willst!“* (V.28).

d) Wie unscheinbar ein okkulter Einfluss sein kann, zeigt sich auch in Lk 13,10-17. Dort berichtet Lukas von einer Frau, die Jesus am Sabbat heilte. Eine in ihrem Phänomen medizinisch beschreibbare Behinderung – offensichtlich eine starke Verkrümmung der Wirbelsäule – hat in diesem Fall ihre tiefere Ursache im Einfluss Satans. Denn nach Jesu Aussage (V.16) verbarg sich hinter der Krankheit eine achtzehnjährige Gebundenheit durch Satan in Form eines *„Geist(es) der sie krank machte“* (V.11). Die körperliche Heilung der Frau war also gleichzeitig die Befreiung aus satanischer Gefangenschaft. Sie geschieht unter Handauflegung auf das Wort Jesu hin: *„Frau, sei frei von deiner Krankheit!“* (V.12).

[25] Mt 4,24 bezeichnet das Handeln Jesu mit θεραπεύειν. Handelt es sich bei den „Heilungen“ um Exorzismen, wird im Neuen Testament in der Regel der Terminus ἐκβάλλειν verwendet (vgl. z.B. Mt 8,16).

e) Ganz ähnlich verhält es sich auch in Mt 17,14-21. Das heute als Epilepsie bekannte und erklärbare Phänomen hat in diesem Fall seine Wurzel in einem dämonischen Einfluss. Die Heilung erfolgt in diesem Beispiel durch den Exorzismus des bösen Geistes (V.18).
f) Stehen die bisher angeführten Beispiele für einen Zusammenhang von dämonischer Besessenheit und Krankheit Pate, geht Mk 9,14-29 nochmals einen Schritt weiter und identifiziert diese geradezu.
Von einem *„sprachlosen Geist"* ist hier die Rede, dessen Ziel es ist, den Jungen, den er beherrscht, umzubringen (V.22). Jesus bedroht den unsauberen Geist, den er als *„sprachlos"* und *„taub"* bezeichnet und gebietet ihm, auszufahren und nicht wiederzukommen. Sprachlosigkeit und Taubheit scheinen offensichtlich Wesen und Wirkung dieses Geistes gewesen zu sein. Der Exorzismus des Geistes führt entsprechend zur Heilung des Kranken.
Alle diese Beispiele zeigen: Nach dem Neuen Testament kann das Phänomen einer Krankheit seinen Grund im Bereich des Dämonischen haben. In keinem der beschriebenen Fälle erfahren wir etwas über die Vorgeschichte der Menschen, so dass offen bleiben muss, wie und warum dämonische Mächte von diesen Personen Besitz ergriffen.[26]
Zum Ausdruck kommt der dämonische Einfluss bei diesen Menschen durch somatische oder psychosomatische Phänomene. Deren Heilung setzt das Erkennen des dämonischen Hintergrunds durch Jesus und seine Macht über die Dämonen voraus. Dabei erfolgen die Heilungen durch Jesus auf unterschiedliche Art und Weise. Auch wenn nicht in allen Fällen ausdrücklich von einem Exorzismus[27] die Rede ist, schließt eine Heilung freilich die Überwindung des dämonischen Einflusses ein.[28] Ein methodischer Schematismus im Vorgehen gegen Krankheiten mit dämonischer Wurzel lässt sich aus dem neutestamentlichen Befund aber nicht ableiten.

---

[26] Unbeantwortet bleibt daher auch die Frage nach einer persönlichen Verantwortung der betroffenen Menschen. Es gibt keinen Hinweis darauf, ob individuelle Sünde oder gar eine bewusste Öffnung der Personen gegenüber der Macht der Dämonen eine Rolle gespielt haben.

[27] Exorzismus: vom griech. Verb ἐξορκίζω. Im engeren Sinn meint Exorzismus eine Dämonenaustreibung durch Beschwörung bzw. drohendes Gebieten.

[28] Auch wenn nicht ausdrücklich von einem Exorzismus die Rede ist, schließt die Heilung einer dämonisch verursachten Krankheit einen solchen faktisch ein. Denn die Heilung geschieht durch die Überwindung der Besessenheit, also der Befreiung eines Menschen von dämonischer Gefangenschaft.

Neben Krankheiten, die ihre Ursache ausdrücklich im Bereich des Dämonischen haben, berichtet das Neue Testament aber genauso von Heilungen, bei denen ein Zusammenhang mit dem Dämonischen als tieferem Hintergrund einer Krankheit nicht erwähnt wird. Auch dafür lassen sich eine Reihe von Beispielen aufzeigen:

Jesus heilt etwa die Schwiegermutter des Petrus vom Fieber (vgl. Lk 4,38f par). Er heilt Aussatz (Mt 8,2f), Lähmung (Mt 9,2-7), Blindheit[29], und anderes (vgl. z.B. Mt 15,29-31). Nirgendwo scheint in diesen Beispielen Dämonie eine Rolle zu spielen. Jedenfalls ist davon keine Rede.

Nun kann freilich die Nichterwähnung eines Zusammenhangs mit dem Dämonischen einen solchen nicht mit Sicherheit ausschließen. Doch verbieten diese Beispiele einen sicheren Rückschluss, der jede Erkrankung automatisch durch dämonische Mächte verursacht sieht.[30]

Gegen einen solchen Rückschluss spricht m. E. der Fall des Blindgeborenen, von dem Joh 9 berichtet. Die Frage der Jünger, wer gesündigt habe, der Blinde oder dessen Eltern (V.2), thematisiert die Ursache seiner Blindheit. Jesu Antwort schließt jedoch den Zusammenhang von Krankheit und Sünde – der in anderen Fällen durchaus besteht – aus (V.3). Ein Hinweis auf einen dämonischen Hintergrund unterbleibt. Hätte ein solcher bestanden, so hätte die Frage der Jünger nach der Ursache der Blindheit Jesus veranlassen müssen, darauf hinzuweisen. Jesus macht sie dagegen auf den Sinn der Blindheit aufmerksam, die in diesem Fall einem positiven Ziel dient: Durch die Heilung des Blindgeborenen sollen *„die Werke Gottes offenbar werden“* (V.3).

Aufgrund dieses Befundes muss m.E. zwei Extremen widersprochen werden: Zum einen der Behauptung, die im Neuen Testament beschriebenen Phänomene, die nach den Texten dämonischen Ursprungs sind, wären heute durchweg medizinisch oder psychologisch erklärbar. Dagegen spricht die differenzierte Sichtweise des Neuen Testaments, die zwischen Besessenheit und anderen Erkrankungen unterscheidet (vgl. Mt 4,24) und nicht jede Krankheit als dämonisch verur-

[29] Vgl. Mt 9,27-30; 20,29-34; Joh 9.

[30] Vgl. auch W. Bittner, Heilung – Zeichen der Herrschaft Gottes, Neukirchen-Vluyn 1984, 32. Das Neue Testament gibt uns auch kein äußeres Unterscheidungskriterium, anhand dessen eine solche Ursache erkennbar wäre. Um finstere Mächte identifizieren zu können, braucht es die Gabe der Geisterunterscheidung (vgl. 1Kor 12,10).

sacht interpretiert. – Zum anderen der Auffassung, jede körperliche oder psychische Erkrankung habe einen dämonischen Hintergrund, auf den man automatisch rückschließen könne. Hiergegen sprechen jene Fälle, die einen solchen Hintergrund nicht erwähnen, vor allem aber die Deutung Jesu bei der Heilung des Blindgeborenen (Joh 9).

2.3. Der Sieg Jesu durch Kreuz und Auferstehung

Jesu Wirken in Wort und Tat galt der Aufrichtung der Gottesherrschaft. Die von Jesus gewirkten Wunder und Exorzismen waren Zeichen des anbrechenden Königreiches Gottes. Sie ließen Jesus in einer aktiven Rolle als den Herrn und Christus offenbar werden, der das Reich der Finsternis machtvoll bekämpfte.

Passion und Tod Jesu scheinen dazu im Widerspruch zu stehen, denn hier ist von Jesu Macht nichts mehr zu sehen; er erscheint vielmehr als der passiv Leidende und Sterbende. Es drängt sich geradezu der Eindruck auf, das Reich der Finsternis habe über den Verkünder und Bahnbrecher des Gottesreiches gesiegt und Jesu Sendung zum Scheitern gebracht.

In seiner Antwort auf die Frage des Pilatus nach seinem Königtum weist Jesus aber auf die Verborgenheit seines Reiches hin, das *„nicht von dieser Welt (ist)"* (Joh 18,36). In dieser Verborgenheit des Gottesreiches liegt der Schlüssel für das rechte Verständnis des Todes Jesu: Denn was vor den Augen der sichtbaren Welt eine Niederlage zu sein scheint, ist in der unsichtbaren Welt der entscheidende Sieg des Lebensfürsten Jesus über den Fürst dieser Welt, den Teufel. Erst durch den von Jesus verheißenen Heiligen Geist werden den Jüngern die Augen für diese tiefe Bedeutung des Passionsgeschehens aufgetan: *„der Fürst dieser Welt (ist) gerichtet"* (Joh 16,11; vgl. auch 12,31). Eben auch und gerade dafür steht sein *„Es ist vollbracht!"* (Joh 19,30).

Wir haben es hier tatsächlich mit dem Paradox zu tun, dass Jesus, der mächtiger ist als Satan, der Macht der Finsternis unterliegen musste, um sie gerade dadurch zu besiegen.[31] In seinem Tod wurde Jesus selbst Gefangener im Reich des Todes, hat aber gerade dadurch dem Teufel die Macht über den Tod entrissen (Hebr 2,14) und erlöste so, die durch Furcht vor dem Tod versklavten Menschen (Hebr 2,15). Er

31 Vgl. A. Fridrichsen, in: A. Suhl (Hrsg.), Der Wunderbegriff im Neuen Testament, Wege der Forschung Bd. 295, Darmstadt 1980, 258.

begab sich in das Reich des Todes, um diesen „Hochsicherheitstrakt" Satans von innen heraus zu sprengen, dessen Gefangene zu erlösen und in die Freiheit zu führen.[32] Von Anfang an war dies das Ziel der Sendung Jesu, der nicht gekommen ist, *„dass er sich dienen lasse, sondern dass er diene und sein Leben gebe als Lösegeld für viele"* (Mk 10,45).

„Am Kreuz Jesu wird die Macht der Mächte zerbrochen durch die unzerbrechliche Macht der tragenden Liebe. Denn daß diese Liebe nicht im Tod zerbrach, erweist die Auferweckung Jesu Christi von den Toten".[33] Im Tod Jesu am Kreuz und seiner Auferweckung von den Toten hat Gott *„die Mächte und Gewalten ihrer Macht entkleidet und sie öffentlich zur Schau gestellt und hat einen Triumph aus ihnen gemacht in Christus"* (Kol 2,15).

Seitdem haben die Mächte der Finsternis „keine Aussicht mehr als die Erfüllung des Gerichts, das über sie in Christi Kreuz und Auferstehung schon ergangen ist."[34]

Wolfgang Bittner weist jedoch zu Recht darauf hin, dass der Sieg Jesu über das Böse den Kampf nicht beendet, sondern ihn paradoxerweise erst recht in Gang gebracht hat.[35] Der Niederlage Satans in der unsichtbaren Welt korrespondiert eine verstärkte Aktivität des Bösen auf der Erde, was die Manifestation des Bösen in der Welt bis zur Gegenwart schmerzlich beweist.

Dadurch kommt es zur unauflösbaren Spannung zwischen der „schon jetzt" sichtbaren und der „noch nicht" sichtbaren Wirklichkeit. Bis zur Wiederkunft Jesu und der endgültigen Vernichtung der Macht der Finsternis bleiben das Reich Gottes, der Sieg Christi und die Ohnmacht der besiegten Mächte eine weitgehend verborgene Wirklichkeit. Sie ist noch nicht uneingeschränkt sichtbar.

Und doch wird diese Wirklichkeit der Herrschaft Christi schon jetzt dort erkennbar, wo Menschen die Augen aufgetan werden, *„dass sie sich bekehren von der Finsternis zum Licht und von der Gewalt des Satans zu Gott"* (Apg 26,18). Sie wird dort erkennbar, wo Menschen aus ihrer Gefangenschaft befreit werden (Joh 8,36) zu einem neuen

---

32 Vgl. Jesu siegreiche Hadesfahrt nach 1Petr 3,18ff; Eph 4,8ff.

33 H. Schlier, Besinnung auf das Neue Testament. Exegetische Aufsätze und Vorträge II, Freiburg ^{2}1967, 154.

34 A.a.O., 155. Vgl. Offb 20,10.14.

35 W. Bittner, Heilung – Zeichen der Herrschaft Gottes, Neukirchen-Vluyn 1984, 30. Vgl. Joh 12,31; Offb 12,7-12.

Leben „in Christus", wo Menschen Glieder am Leib Christi werden und bekennen: Gott, unser Vater, *„hat uns errettet von der Macht der Finsternis und hat uns versetzt in das Reich seines lieben Sohnes"* (Kol 1,13).

3. Jesus ist Herr — Leben im Machtbereich Jesu

Es gehört zu den Grundbekenntnissen der christlichen Gemeinde, dass Gott, der Vater, Jesus Christus *„von den Toten auferweckt und eingesetzt (hat) zu seiner Rechten im Himmel über alle Reiche, Gewalt, Macht, Herrschaft und alles, was sonst einen Namen hat"* (Eph 1,20f). Wer dieser Wirklichkeit Glauben schenkt und die Worte des Auferstandenen – *„mir ist gegeben alle Macht im Himmel und auf Erden"* (Mt 28,18) – ernst nimmt, kann nicht umhin, als mit der Macht dieses Herrn auch heute ganz real zu rechnen.
Doch was bedeutet dies für unser Leben als Christen im Kontext unserer Fragestellung? Wieviel Macht haben die Mächte? Müssen wir uns als Christen vor dem Teufel und den Mächten der Finsternis ängstigen? Oder sind wir als Christen in Bezug auf diese Mächte außer Gefahr?

3.1. Mit Christus verbunden und in Christus geborgen leben

Als Christen sind wir Glieder am Leib Christi. Als solche sind wir organisch mit Christus, dem Haupt (Eph 1,22), verbunden und leben im Machtbereich Jesu. An vielen Stellen spricht das Neue Testament davon, dass der Glaube an Jesus Christus ein Sein *„in Christus"* bedeutet. Niemand - also auch nicht der Teufel und seine Mächte - können Jesu Jünger aus seiner Hand reißen (Joh 10,28). Sie sind bei ihm geborgen, denn heute wie damals gilt die Ohnmacht der finsteren Mächte gegenüber der Macht Jesu. Deshalb haben diese Mächte auch keinen Anspruch mehr auf Menschen, die an Jesus Christus glauben. Denn sie treten dabei in Konkurrenz zu dem, der in Wirklichkeit konkurrenzlos ist, obgleich sie den Konkurrenzkampf längst verloren haben.
Mit Christus verbunden und in Christus geborgen zu leben gleicht dem Leben in einer Burg, in deren mächtigen Mauern wir vor den

Mächten der Finsternis Schutz und Geborgenheit finden (vgl. z.B. Ps 18,2f). Verlassen wir jedoch diesen Schutzraum, bieten wir den Mächten des Bösen Angriffsfläche und sind ihnen schutzlos ausgeliefert.

Deshalb mahnt Paulus: *„Seid stark in dem Herrn und in der Macht seiner Stärke"* (Eph 6,10) und spricht in den folgenden Versen vom Schutz, den die *„Waffenrüstung Gottes"* bietet. In diesem Zusammenhang vergleicht er den Glauben mit einem Langschild, der einem Soldaten damals Schutz vor den Feuerpfeilen des Feindes gab: *„Vor allen Dingen aber ergreift den Schild des Glaubens, mit dem ihr auslöschen könnt alle feurigen Pfeile des Bösen"* (V.16). Allein der Glaube, das Leben *„in Christus"*, verleiht uns also Schutz und Widerstandskraft gegenüber den Mächten des Bösen.

Entsprechend ruft auch 1Petr 5,9 zum Widerstand durch festen Glauben auf. Zu diesem Widerstand im Glauben gehört vor allem das Gebet. Exemplarisch dafür steht die Bitte des Vaterunsers *„und führe uns nicht in Versuchung, sondern erlöse uns von dem Bösen, denn dein ist das Reich und die Kraft ..."* (Mt 6,13).

Aber nicht nur unser Gebet ist hier zu nennen. Lk 22,32 berichtet davon, wie Jesus betend für den Erhalt des Glaubens des Petrus einsteht und ihn mit seinem Gebet vor dem diabolischen Wirken Satans schützt (Lk 22,31). Ähnliches können wir im sogenannten Hohepriesterlichen Gebet in Joh 17 beobachten. Dort betet Jesus nicht nur für seine Jünger, sondern auch für diejenigen, die durch ihr Wort an ihn glauben werden (V.20). Jesus bittet seinen Vater dabei nicht darum, seine Jünger aus der Welt zu nehmen, sie also aus dem Kontext zu lösen, in dem sie bedrängt werden und sich ängstigen, sondern bittet um Bewahrung der Jünger vor dem Bösen (V.15) und schenkt ihnen die Gewissheit seines Sieges: *„In der Welt habt ihr Angst, aber seid getrost, ich habe die Welt überwunden"* (Joh 16,33).

Christen – Menschen, die *„in Christus"*, in seinem Machtbereich und unter seiner Herrschaft leben, stehen auf der Seite des Siegers, vor dem der Teufel heute wie damals weichen muss.

Ausgeschlossen werden kann demnach auch eine Besessenheit von Christen, denn die Herrschaft Christi über ihrem Leben lässt das Beherrschsein durch den Teufel oder durch Dämonen nicht zu. „Christus und Satan können nur in Konfrontation zueinander stehen, nicht in Koalition."[36]

Christen brauchen also weder vor dem Teufel noch vor seinen Mächten Angst zu haben. Und selbst dann, wenn ihnen die lebenszerstörende Macht der Finsternis in Trübsal, Angst und Verfolgung, in Leid, Schmerz und Tod begegnet, dürfen sie mit Paulus in der Gewissheit leben, *„dass weder Tod noch Leben, weder Engel noch Mächte noch Gewalten"* uns scheiden können *„von der Liebe Gottes, die in Christus Jesus ist, unserem Herrn"* (Röm 8,38f).

3.2. In Wachsamkeit und Bereitschaft leben

Christen dürfen wissen: Gott, unser Vater, *„hat uns errettet von der Macht der Finsternis und hat uns versetzt in das Reich seines lieben Sohnes"* (Kol 1,13).

Trotzdem sind Christen nicht außer Gefahr, denn sie sind Bürger zweier Welten. Auch als Bürger des Gottesreiches leben sie weiterhin in dieser Welt, in der der *„Fürst der Welt"* regiert und bis zu seiner Gefangennahme (vgl. Offb 20,1-3) den Kampf gegen Christus und die Seinen nicht aufgeben wird.

Dass auch und gerade Jünger Jesu vor diesen Mächten nicht gefeit sind und von ihnen angegriffen werden können, wird etwa aus Joh 13,2.27 deutlich. Satan inspiriert Judas mit dem Gedanken zum Verrat (V.2) und fährt in ihn (V.27; vgl. auch Lk 22,3), d.h. nimmt Besitz von ihm. Auch Petrus und die anderen Jünger will er *„sieben wie den Weizen"* (Lk 22, 31).

Zwar bietet das Leben *„in Christus"* Schutz vor den Angriffen des Bösen (vgl. 3.1.), doch stehen auch Christen in der Gefahr, dem Teufel Angriffsfläche bzw. Raum zu geben.

Drastisch wird dies etwa an Ananias und Saphira deutlich, die durch ihr geldgieriges Verhalten dem Satan Raum gaben und dies mit ihrem Leben bezahlen mussten (vgl. Apg 5,1-11). Petrus' Frage an Ananias *„warum hat der Satan dein Herz erfüllt, dass du den Heiligen Geist belogen ... hast"* (Apg 5,3) lässt erkennen, dass der satanische Einfluss den Menschen nicht aus der Verantwortung nimmt. Ananias hätte dem teuflischen Einfluss widerstehen müssen, ließ sich aber von ihm verleiten und beherrschen.

---

[36] G. Maier, in: „Und wenn die Welt voll Teufel wär...", Mitteilungen des Albrecht-Bengel- Hauses, Heft Nr. 94, Mai 1994, 16.

Aufgrund solcher Gefahr ruft 1Petr 5,8 zur Nüchternheit und Wachsamkeit auf, *„denn euer Widersacher, der Teufel, geht umher wie ein brüllender Löwe und sucht, wen er verschlinge"*.
Es wäre also durchaus verhängnisvoll, würden Christen in ihrer Wachsamkeit gegenüber dem Teufel nachlassen. Eben dieser Nachlässigkeit leisten aber jene Vorschub, die die Wirklichkeit Satans in Frage stellen; denn es ist die größte List des Teufels, sich selbst zu verleugnen.[37] In Wachsamkeit und Bereitschaft leben bedeutet, im furchtlosen Wissen um die Realität und Wirksamkeit der Macht des Bösen, auf die hintergründigen Vorgänge in dieser Welt zu achten.[38]
In Eph 6,10ff warnt Paulus die Christen nicht umsonst vor den *„listigen Anschlägen des Teufels"* (V.11) und weist auf die *„Mächtigen und Gewaltigen"* hin, die *„mit den bösen Geistern unter dem Himmel"* herrschen (V.12). Auch der Apostel mahnt entsprechend zur Wachsamkeit und Bereitschaft gegenüber den Angriffen dieser Mächte: *„Deshalb ergreift die Waffenrüstung Gottes, damit ihr an dem bösen Tag Widerstand leisten und alles überwinden und das Feld behalten könnt"* (V.13). Neben den Waffen, die der Verteidigung und dem Schutz vor den Angriffen des Teufels dienen, nennt Paulus in diesem Kontext als einzige Angriffswaffe *„das Schwert des Geistes, welches ist das Wort Gottes"* (V.17). Mt 4,1-11 hatte schon gezeigt, wie Jesus der Versuchung des Teufels mit Hilfe des Wortes Gottes widersteht. Die Verwurzelung und Orientierung am Wort Gottes ist es denn auch, durch die Christen das diabolische Wesen und Wirken des Bösen erkennen und ihm offensiv widerstehen können.
Dieser Aspekt gewinnt umso mehr an Bedeutung als 2Thess 2,1-12 vor der Wiederkunft Jesu den erbitterten Kampf satanischer Macht gegen *„alles, was Gott oder Gottesdienst heißt"* (V.4), ankündigt und Christen davor warnt, sich nicht vom Frevler[39], der mit der Macht Satans auftritt, verführen zu lassen. Denn er wird *„mit großer Kraft und lügenhaften Zeichen und Wundern"* (V.9) auftreten und zur Ungerechtigkeit verführen.

---

37 Vgl. M. Limbeck, in: H. Haag (Hrsg.), Teufelsglaube, Tübingen 1974, 274.

38 Vgl. H. Schlier, Besinnung auf das Neue Testament. Exegetische Aufsätze und Vorträge Bd.2, Freiburg ^{2}1967, 158.

39 Vgl. 2Thess 2,8. 2Thess2,3 bezeichnet diese Figur, die als Gegenspieler Gottes auftreten wird auch als „Mensch der Gesetzlosigkeit" und „Sohn des Verderbens". Gemeint ist damit vermutlich der Antichrist (vgl. 1Joh 2,18.22; 4,3; 2Joh 7).

Angesichts der Zweideutigkeit vieler Vorgänge in dieser Welt ist in diesem Zusammenhang aber nicht nur vor dem Extrem einer generellen Leugnung des Teufels zu warnen, sondern auch vor dem Extrem einer grundsätzlichen Verteufelung aller Dinge, die hinter allem und jedem die Macht der Finsternis am Werk sieht.

Es sei daran erinnert: Es waren die Gegner Jesu, die ausgerechnet in seinem machtvollen Wirken den Teufel am Werk sahen (vgl. Mt 12,22-24).

3.3. In offensiver Nachfolge leben

Neben der Wachsamkeit und Bereitschaft im Sinne eines defensiven Widerstands gegen die Angriffe des Bösen, stellt sich die Frage ob und inwiefern Christen auch zum offensiven Kampf gegen die Mächte der Finsternis aufgefordert sind.

Zunächst ist festzuhalten: Alles, was Christen in der Nachfolge Jesu zum Bau des Reiches Gottes beitragen, ist nichts anderes als ein offensiver Kampf gegen die Mächte der Finsternis.

Wo immer Christen gegen die vielfältigen Manifestationen des Bösen in dieser Welt die Stimme erheben und sich aktiv gegen Hass und Gewalt, Unterdrückung und Ungerechtigkeit usw. einsetzen, geschieht dieser offensive Kampf.

Wo immer Christen missionarisch aktiv werden und Gott Menschen die Augen auftut, *„dass sie sich bekehren von der Finsternis zum Licht und von der Gewalt des Satans zu Gott"* (Apg 26,18), findet dieser Kampf statt.

Wo immer Christen diakonisch und seelsorgerlich tätig sind, praktische Nächsten- und Feindesliebe üben und sich in der Bekämpfung lebenszerstörender Kräfte für das Leben einsetzen, ist dies ein offensiver Kampf gegen die Mächte der Finsternis.

Nun stellt sich aber auch die Frage nach der Berufung von Christen zu exorzistischer Wirksamkeit. Wiederholt berichten die Evangelien von der Unfähigkeit der Jünger zur Dämonenaustreibung. Als Gründe dafür werden sowohl der Kleinglaube der Jünger (Mt 17,20) als auch die Tatsache genannt, dass es Dämonen gibt, die nur durch Beten und Fasten ausgetrieben werden können (Mk 9,29).

Dass die Fähigkeit zum Exorzismus gerade keine menschliche Möglichkeit ist, geht schon aus der Tatsache hervor, dass nur der Stärkere, also Jesus, den Starken, also den Teufel und seine Mächte, besiegen kann (vgl. Lk 11,21f par). Doch Jesus, der Herr, gibt seinen Jüngern

Macht über die unreinen bzw. bösen Geister (Mt 10,1; Lk 9,1) und befähigt sie zu dem, wozu sie selbst unfähig sind. Jesus hat seine Jünger ausdrücklich dazu berufen, in seinem Namen Dämonen auszutreiben (vgl. Mt 10,7f; Mk 3,13ff) und sie taten es in seinem Namen (vgl. Mk 6,12f; Lk 10,17).

Doch war dieser Auftrag nicht auf die zwölf (Mt 10,1-4) bzw. auf die siebzig (Lk 10,1) Jünger beschränkt? Gilt dieser Auftrag auch uns Christen heute?

Im Missionsbefehl (Mt 28,18-20) beauftragt der Auferstandene seine Jünger, alle Völker zu Jüngern zu machen und sie auf den Namen des dreieinigen Gottes zu taufen. *„Und“*, so führt Jesus den Auftrag weiter aus, *„lehrt sie halten alles, was ich euch befohlen habe“* (Mt 28,20).

Jesus verweist dabei zurück auf eine frühere Beauftragung. Doch was hatte er seinen Jüngern aufgetragen? U.a. eben auch, in seinem Namen böse Geister auszutreiben!

Es ist daher nicht verwunderlich, wenn die Befähigung zur Dämonenaustreibung zu den Zeichen gehört, die nach Mk 16,17 die an Jesus Glaubenden begleiten werden. Wie von Jesus verheißen, setzen seine Jünger auch in der Folgezeit das exorzistische Werk Jesu fort.[40] Eine zeitliche Begrenzung oder Einschränkung dieses Auftrags Jesu an seine Jünger lässt sich nirgendwo erkennen. Allerdings setzt die Ausführung dieses Auftrags die Gabe der Geisterunterscheidung (1Kor 12,10), wohl auch die der Heilung (1Kor 12,9), voraus. Selbstverständlich kann der offensive Kampf gegen die Macht des Bösen allein aus der Verbundenheit mit Christus und der Geborgenheit *„in Christus“* heraus geschehen. Der Macht der Mächte kann nur in der Macht Jesu begegnet werden. Eigenmächtiges Handeln hat dagegen verheerende Folgen, wie dies etwa aus Apg 19,13-17 hervorgeht: Die Söhne des Hohenpriesters Skevas – selbst keine Christen - benutzen den Namen Jesu zur Beschwörung böser Geister. Doch statt den bösen Geist eines Menschen zu bezwingen, *„stürzte sich (dieser) auf sie und überwältigte sie alle und richtete sie so zu, dass sie nackt und verwundet aus dem Haus flohen“* (V.16).

Jesus allein hat Macht über die Mächte. Wo sein Sieg über die Mächte der Finsternis schon heute sichtbar wird, dürfen wir etwas von dem

[40] Vgl. Apg 5,16; 8,6f; 16,16-18; 19,12.

Reich sehen, das für uns noch eine verborgene Wirklichkeit ist und um dessen Kommen wir im Vaterunser bitten.
Solange wir jedoch in dieser Welt leben, werden wir die Macht des Bösen immer wieder schmerzlich erleben müssen (vgl. z.B. Mk 13,1-13; Lk 21,5-28). Bis dahin gilt für uns Christen das Wort Jesu: *„Seht auf und erhebt eure Häupter, weil sich eure Erlösung naht"* (Lk 21,28). Erst mit dem sichtbaren Kommen des Herrn und Erlösers in Macht und Herrlichkeit (Lk 21,27), wird auch das Reich Gottes umfassend sichtbar werden. Dann wird der wiederkommende Herr der Macht der Mächte endgültig ein Ende bereiten (vgl. z.B. 2Thess 2,8; Offb 20,10.14) und es wird vor aller Augen sichtbar werden, was Christen glauben und bekennen: Jesus ist Herr!

Kulturen, Kulte und dämonische Mächte

von Volker Gäckle

Während sich die schleichende Säkularisierung des öffentlichen und privaten Lebens im europäisch-westlichen Kulturkreis noch bis vor etwa drei Jahrzehnten in Gestalt eines atheistischen Rationalismus äußerte, hat sich seither ein bemerkenswerter Wandel vollzogen. Anstelle des naturwissenschaftlichen Weltbildes, das sich auf rein immanente Kausalgesetze gründete, trat eine neue – atemberaubend schnell um sich greifende — Re-Mystifizierung der Welt. Was sich Ende der 60er Jahre im Broadway-Musical „Hair" programmatisch ankündigte, nämlich die Proklamation des neuen, esoterischen „Zeitalters des Wassermanns" (New Age), hat sich zur Jahrtausendwende zu einem nicht mehr übersehbaren kulturellen, wirtschaftlichen und gesellschaftlichen Faktor entwickelt. Esoterische und sogar okkulte Inhalte werden insbesondere über moderne Massenmedien wie das Fernsehen und Internet, sowie über den großen Sektor der Alltagsliteratur (Boulevardpresse, Kinder- und Jugendliteratur etc.) und die Popularmusik auf unterbewusstem Weg auf- und angenommen.

Ein weiterer Bereich des kulturellen Wandels unserer nachchristlichen Kultur wird in der multikulturellen Gesellschaft und dem damit nicht selten programmatisch verbundenen Pluralismus gleich-gültiger Wahrheiten greifbar. So werden nicht mehr nur die klassischen Buchreligionen des christlichen, jüdischen und islamischen Glaubens durch die Identifizierung des jeweiligen Gottes bzw. das Postulat einer Art „Dachgottheit" ideologisch versöhnt, sondern auch alle anderen Religionen.

So stellt sich für Christen heute in ganz neuer Weise die Frage nach der geistlichen und ethischen Bewertung zahlreicher Elemente ihrer veränderten Lebenswelt, angefangen von erfolgreicher Kinderliteratur (wie z.B. den „Pokemons"), über den Konsum entsprechend hergestellter Heilmittel bis hin zu esoterischen Riten und Praktiken im Rahmen der Schulklasse, des Arbeitsplatzes oder des Vereinslebens.

In diesem Zusammenhang gewinnen die Ausführungen des Apostels Paulus in 1Kor 8-10 im Zusammenhang mit der Frage des Götzenopferfleisches und schließlich des Götzenopferkultes als solchem eine neue Relevanz. Die hellenistische Kultur, der Paulus auf seinen Missionsreisen begegnete und in die hinein er seine Gemeinden gründete,

war eine durch und durch religiös geprägte Kultur. Eine säkulare Gesellschaft, wie sie heute den westlich-europäischen Kulturraum kennzeichnet, war für die antike Welt undenkbar.
An der Agora (dem Markt- und Versammlungsplatz) und damit im Mittelpunkt aller römischen und hellenistischen Städte stand der Tempel der jeweiligen Schutzgottheit, der dort regelmäßige Opfer gebracht und zu deren Ehren entsprechende Opferfeste gefeiert wurden. Fast alle Lebensvollzüge hatten irgendeine Beziehung zur hellenistischen oder römischen Götterwelt, wobei der Grad der inneren Beteiligung ähnlich wie heute in einem christlichen Gottesdienst sehr unterschiedlich sein konnte.
Wurde ein korinthischer Bürger oder Sklave nun Christ, so stand er von Anfang an in der Spannung, wie er sich mit seinem neuen Glauben zu seiner alten, heidnischen Lebenswelt verhalten sollte. Am spannungsvollsten wurde dieses Problem im Zusammenhang von gemeinsamen bzw. öffentlichen Mählern, die ein Grundelement des gesellschaftlichen Lebens waren und stets religiösen Charakter hatten. So ist es kein Wunder, dass Paulus von den Korinthern auch auf die in diesem Zusammenhang entstehenden Fragen angesprochen wurde.
Der von Paulus im 1. Korintherbrief formulierten Verhältnisbestimmung von Gott auf der einen und Göttern, Götzen und Dämonen auf der anderen Seite, sowie seinen ethischen Lösungsmodellen soll im Folgenden nachgegangen werden.

1. Ein logischer Kurzschluss

Interessanterweise hat die Leugnung jeglicher okkulter Mächte, wie sie bis vor wenigen Jahrzehnten in Form des atheistischen Rationalismus allgemeine Gültigkeit beanspruchte, bereits antike Vorbilder, die sogar ihre Spuren im Neuen Testament hinterlassen haben. Paulus muss sich in 1Kor 8,1-11,1 mit einer Anfrage der korinthischen Gemeinde bezüglich der ethischen Qualität des sogenannten Götzenopferfleisches (1Kor 8,1) auseinandersetzen.[1]

---

[1] Dass es sich um eine Anfrage handelt wird aus der einleitenden Formel Περὶ δὲ in 1Kor 8,1 ersichtlich, die man mit „bezüglich“, „im Blick auf“ oder „hinsichtlich“ übersetzen kann und die in gleicher Weise in 1Kor 7,1.25; 12,1; 16,1.12 am Beginn eines neuen Abschnitts steht. Paulus scheint hier eine Art Agenda abzuarbeiten, die ihm von den Korinthern in einem Brief (vgl. 7,1) vorgelegt wurde.

Dabei ging es um Fleisch, das im Tempel den traditionellen griechischen Göttern geopfert bzw. geweiht wurde und anschließend im Rahmen von privaten (vgl. 10,27) oder öffentlichen Festen (vgl. 8,10) verzehrt wurde oder auf dem Markt zum Verkauf angeboten wurde (vgl. 10,25).

In der Gemeinde von Korinth entstand nun ein Konflikt. Er war darin begründet, dass wohl eine Mehrheit[2] in der korinthischen Gemeinde kein Problem im Genuss dieses Götzenopferfleisches sah, während eine Minderheit daran Anstoß nahm. Diese sogenannten „Schwachen" konnten von ihrer heidnischen Vergangenheit[3] her nicht einfach die heidnisch-rituelle Vorgeschichte des fraglichen Fleisches ignorieren. Für sie war die vorgesetzte Speise nach wie vor „Götzenopferfleisch" und der Verzehr desselben war mit ihrem Gewissen nicht vereinbar.[4]

Während wir im ganzen Zusammenhang von 1Kor 8,1-11,1 von den Schwachen keinerlei „O-Töne" haben,[5] liegt der Sachverhalt bei den oppositionellen Starken ganz anders. Mit großer Wahrscheinlichkeit zitiert Paulus im Zusammenhang seiner einleitenden Auseinanderset-

2 Dass es sich wohl um eine Mehrheit gehandelt hat, begründet sich aus den Formulierung „*wir alle*" bzw. „*nicht alle*" in 1Kor 8,1.7, während hinsichtlich der Schwachen nur von „*einigen*" (8,7) die Rede ist.

3 Auf die heidnische Vergangenheit und eine entsprechende Lebenspraxis weist das Stichwort „Gewöhnung" in 8,7 hin. Die Skrupel der Schwachen erwuchsen also nicht aus einer Unkenntnis oder Fremdheit gegenüber dem Götzenopferfleisch, sondern ganz im Gegenteil aus einschlägigen religiösen Erfahrungen damit. Ein verschiedentlich in der Forschung angenommener judenchristlicher Hintergrund ist damit so gut wie ausgeschlossen, denn auch im Diasporajudentum galt die strenge Abstinenz von jeglichen Speisen, die auch nur im Verdacht standen, durch die Berührung mit dem Götzenopferkult entsprechend kontaminiert zu sein. Judenchristen dürften deshalb kaum an das Götzenopferfleich „gewöhnt" gewesen sein.

4 Bemerkenswerter Weise verzichtet Paulus im gesamten Argumentationsgang auf eine Kritik an dieser Haltung der Schwachen. Er versucht nirgends, deren angstbesetzte und zweifelnde Haltung im Blick auf die Natur des fraglichen Fleisches zu korrigieren. Vielmehr akzeptiert er offensichtlich ihre Haltung als eine zwar durch Schwachheit geprägte, aber nichtsdestotrotz legitime Form des Glaubens an Christus (vgl. dazu auch Röm 14,2-6).

5 Dieser Umstand spricht dafür, dass es sich bei den Schwachen nicht um eine geschlossene Partei oder Gruppe mit eigener Programmatik oder Organisationsform handelt. Eine Identität mit einer der in 1Kor 1-4 genannten Parteien ist aus diesem Grund nur wenig wahrscheinlich. Vielmehr dürfte es sich um eine Reihe von Einzelpersonen handeln, deren einzige Verbindung darin bestand, dass sie in gleicher Weise durch das Problem des Götzenopferfleisches in ihrem Gewissen getroffen und in Frage gestellt waren.

zung in 8,1-13 einige ihrer Hauptargumente.[6] So waren wohl die Wendungen *„Wir alle haben Erkenntnis*" (8,1) und *„Wir wissen, dass es keine Götzen gibt in der Welt"* und *„dass es keinen Gott gibt, außer dem einen"* (8,4) einschlägige Slogans, mit denen die Starken für ihre Position argumentierten und die in das Schreiben der Korinther an Paulus (1Kor 7,1) Eingang fanden. Möglicherweise zitierten die „starken" Schreiber in diesem Brief auch das Bekenntnis aus 1Kor 8,6, um damit ihre Position zu untermauern.

Das Hauptargument der Korinther ist dabei ihre Erkenntnis im Blick auf die religiöse Natur und folglich die ethische Qualität des Götzenopferfleisches (8,1).

Das Kernargument ist dabei das in 8,4 formulierte monotheistische Bekenntnis, das sich deutlich an das alttestamentliche Grundbekenntnis Israels, das „Sch^{e}ma Israel" („Höre Israel") aus 5Mo 6,4 anlehnt. Die dort bekannte Einzigkeit Gottes und die damit verbundene Nichtigkeit anderer Götter und Götzen wird nun von den Starken auf die Götzenopferfrage angewendet. Die schlichte, aber in ihrer Logik nicht abzuweisende Schlussfolgerung lautet: Weil es keine Götzen gibt, gibt es auch kein Götzenopferfleisch. Und weil das fragliche Fleisch nicht das ist, wofür es ausgegeben wird, kann es auch von Christen unbedenklich verzehrt werden.

Das Überraschende ist nun, wie Paulus auf die an sich stringente, logische und scheinbar auch vom Alten Testament gedeckt erscheinende Argumentation eingeht. Er stimmt der Grundeinsicht der Korinther hinsichtlich der monotheistischen Gotteserkenntnis uneingeschränkt zu (*„Wir wissen ..."*), wobei er zunächst, die von den Starken daraus abgeleiteten Ansprüche relativiert und in Frage stellt (V. 1b: *„Die Erkenntnis bläht auf, die Liebe aber baut auf."*). Für die Frage nach der Realität der Götter und Götzen entscheidend aber ist V. 5. Hier differenziert Paulus das von ihm grundsätzlich anerkannte monotheistische Gottesbekenntnis. Die Einzigkeit Gottes schließt die Existenz von anderen „Göttern und Herren" nicht aus.[7] Auch wenn sie weder für den

[6] Dies wird daraus ersichtlich, dass Paulus immer wieder Positionen relativiert, kaum dass er sie erwähnt hat (vgl. V.1 mit V. 7 und V. 4 mit V. 5). Hinzu kommt, dass Paulus gerade in 8,1-13 mit Begriffen arbeitet, die sonst nicht zu seinem üblichen Vokabular gehören (wie z.B. „Gewissen"), oder die er sonst nur in anderen Zusammenhängen verwendet (z.B. den Begriff Freiheit in 8,9 und in c. 9, griech. ἐξουσία).

[7] Die Grundüberzeugung von der ontologischen Existenz einer göttlichen Gegenwelt, bestehend aus Teufel, Dämonen und anderen antigöttlichen Wesen verbindet Paulus nicht nur mit Jesus selbst und allen anderen Autoren des Neuen Testaments, sondern

Juden angesichts der Sinaioffenbarung und des ersten Gebotes, noch für den Christen angesichts der Christusoffenbarung Gottes in Jesus Christus keinerlei Bedeutung mehr haben,[8] so kommt ihnen im Zusammenhang des Unglaubens sehr wohl eine Realität zu.[9] Paulus bringt diese Einschränkung auch in der Rezitierung des ihm evtl. von den Starken entgegengehaltenen zweiteiligen urchristlichen Bekenntnisses in V. 6 zum Ausdruck, indem er es mit den Worten *„aber für uns“* einleitet.[10] Er macht damit deutlich, dass das Bekenntnis zur Einzigkeit Gottes und der Alleinherrschaft Christi nur im Munde von Christen bzw. im Zusammenhang des christlichen Glaubens Gültigkeit

---

auch mit der ganzen Tradition des Alten Testaments und des sog. Frühjudentums in der Zeit des Zweiten Tempels. Die von den Korinthern vollzogene Infragestellung und Leugnung dieser Wirklichkeit – wie sie für die Moderne zum Grunddogma geworden ist — findet weder im biblischen noch im nachbiblischen Schrifttum einen Anhaltspunkt.

8 Konkret kommt diese Verhältnisbestimmung in Röm 8,38f zum Ausdruck, wo zwar die Existenz von (satanischen) Engeln, Mächten und Gewalten konstatiert wird, aber eben auch deren Ohnmächtigkeit, die heilschaffende Zuwendung der Liebe Gottes in Jesus Christus zu verhindern.

9 Diese Unterscheidung zwischen dem Status des Glaubens und Unglaubens im Blick auf die Versuchlichkeit durch eine antigöttliche Macht wird explizit in Eph 2,2 erörtert. Während die Glaubenden befreit sind aus diesem Machtbereich, dem sie freilich in ihrer vorchristlichen Existenz schutzlos ausgeliefert waren, stehen die *„Kinder des Ungehorsams“* nach wie vor unter dem Einfluss des *„Mächtigen, der in der Luft herrscht“*.

10 Über die Ursprünge des hier zitierten Bekenntnisses lassen sich nur Vermutungen anstellen. Dass es sich um ein eingeschobenes Zitat handelt, das kaum von Paulus selbst stammt, wird neben anderen Gründen vor allem dadurch wahrscheinlich, dass es eher die Position der korinthischen Starken als die des Paulus stützt. Die Anlehnung an das Sch^{e}ma Israel aus 5Mo 6,4 weist auf einen judenchristlichen Ursprung hin. Die Verbindung der Einzigkeit Gottes mit seiner Schöpfermacht war ein Grundelement der Apologetik des hellenistischen Diasporajudentums in Alexandrien, wie es in den Schriften von Philo oder der Weisheit Salomos zum Ausdruck kommt. Möglicherweise wurde das Bekenntnis zuerst in der judenchristlichen Gemeinde von Alexandria gebildet und durch den von dort stämmigen Apollos nach Korinth gebracht (vgl. Apg 18,24ff; 19,1; ebenso wie 1Kor 1,12ff; 3,4.6.22; 4,6). Eine andere Möglichkeit wäre, dass Paulus selbst es in der diasporajudenchristlichen Gemeinde von Antiochien *„empfangen“* (vgl. 1Kor 15,3) hat und den Korinthern im Gemeindeunterricht weitergegeben hat, denn die Einzigkeit Gottes und die Polemik gegen die heidnischen Götzen war ein Grundelement seiner Missionspredigt (vgl. 1Thess 1,9f; Röm 1,22f; vgl. auch Apg 14,15; 17,24f.29; 19,26). In diesem Fall hätten die Starken das von Paulus selbst gelernte monotheistische Bekenntnis als ein entsprechend gewichtiges und wirkungsvolles Argument für ihre Position ins Feld geführt.

hat. Jenseits dieses Glaubens haben die Götter und Götzen sehr wohl eine Realität und Macht.[11]

Paulus kann sich mit diesem Standpunkt auf eine breite alttestamentliche Tradition stützen. Denn für das Alte Testament wie für hebräisches Denken, kann die Einzigkeit Gottes und die Nichtigkeit der Götter und Götzen immer nur konfessorisch, d.h. im Sinne eines subjektiven Glaubensbekenntnisses ausgesagt werden („Für mich gibt es sie nicht!"), aber nicht im ontologisch absoluten Sinn eines Nicht-Seins („Es gibt sie nicht!").

In der Argumentation der Starken in Korinth ist daher eine in der Tat neuzeitlich-aufgeklärte Schriftauslegung abgeschattet. Auf dem Hintergrund der philosophischen Tradition Griechenlands, die ontologisch streng zwischen dem Seidenden und Nicht-Seienden unterschied, formulierten einige Christen in Korinth eine monotheistische Gotteslehre, die keinen Platz mehr für die sowohl vom Alten Testament als auch von Jesus bezeugte Realität okkulter Mächte hatte.

2. Die Nichtigkeit der Götzen und die Gefährlichkeit der Dämonen

Wie sehr Paulus nach wie vor mit der Realität und Macht heidnischer Götter und Götzen rechnet, kommt im Rahmen seiner Erörterungen über die Götzenopferproblematik erst in 1Kor 10,14-22 zum Ausdruck. Bereits in 10,1-13 hat Paulus in Form eines Midrasch, d.h. einer jüdischen Auslegungsart, die durch die Zusammenstellung verschiedener alttestamentlicher Stellen eine bestimmte Stelle erklärt, die nun folgenden Ausführungen vorbereitet. Anhand eines Beispiels aus der Geschichte der Wüstenwanderung macht Paulus deutlich, wie wenig das Volk Israel damals durch die erfahrene Zuwendung, Nähe und

[11] Dass die gottfeindlichen Mächte auch einen Einfluss auf die christliche Existenz nehmen können (vgl. z.B. Eph 6,11f), weiß Paulus aus seiner eigenen Lebens- und Glaubenserfahrung zu berichten. In 2Kor 12,7 berichtet er von einem körperlichen Leiden („*Pfahl im Fleisch*"), das er als Faustschläge von Satans Engel interpretiert. Doch vom Kontext her (vgl. V. 8f) wird deutlich, dass dieser satanische Übergriff nicht nur unter der Duldung Gottes geschieht, sondern sogar nach seinem Willen und zu seinen Zwecken. Paulus soll durch diese offensichtlich massive Einschränkung seines Lebens zum einen vor der Selbstüberhebung und dem Stolz bewahrt werden, und zum anderen wird seine äußere Schwachheit zum *signum* seiner apostolischen Existenz und zu einem Hinweis auf die Kraft Gottes, die gerade in seiner äußeren Begrenztheit zur Geltung kommt.

Wunderkraft Gottes gegen die Versuchung durch und den Abfall zum Götzendienst gefeit war. Durch die typologische Auslegung[12] des Schilfmeerwunders auf die Taufe (10,1f) und des Manna- und Felsenwunders auf das Abendmahl (10,3f) will Paulus zum Ausdruck bringen, dass auch die christlichen Sakramente an sich bei den korinthischen Christen ebenso wenig eine „geistliche Unversehrbarkeit" bewirken, wie es die Wunder im Blick auf die Exodusgeneration getan haben. Es gibt keine Heilszuwendung, die den Glaubenden sozusagen automatisch gegen alle Versuchungen und Gefahren schützt und es ihm erlauben würde, sich gedankenlos in den Wirkungsbereich okkulter Mächte zu begeben.

Auf diesem Hintergrund richtet Paulus in 10,14 einen grundsätzlichen Appell an die Korinther: *„Flieht vor dem Götzendienst!"* Götzendienst liegt für Paulus dann vor, wenn Christen meinen, an Götzenopferfeiern teilnehmen zu können, die unter dem Patronat (der Patron ist eine Art „Schirmherr") und im Namen einer der vielen griechischen Kultgottheiten gefeiert werden. Paulus illustriert dies am positiven Beispiel des Abendmahls: So wie der Christ beim Abendmahl in einer sakramentale Gemeinschaft mit Christus tritt und an ihm Anteil gewinnt, so findet auch in der Götzenopferfeier eine Begegnung mit und Anteilhabe an den hinter den Götzen stehenden Dämonen statt. Die geistliche Gefahr geht dabei freilich nicht vom verzehrten Fleisch aus, das in seinem Wesen eine Schöpfung und Gabe Gottes ist und bleibt (vgl. 8,4; 10,19.26), sondern von der Machtsphäre, die durch die Bestimmung des Mahles als Götzenfeier und dem damit stets verbundenen Opfer aufgerichtet wird. Wer hier teilnimmt, tritt in eine „Gemeinschaft mit Dämonen" ein. Mit diesem Begriff enthüllt Paulus in 10,20 das geistliche Wesen der heidnischen Götter und Götzen. Sie sind letztlich Dämonen, die schon im Alten Testament zur okkulten

---

12 Die für unser Denken gewaltsam anmutende Auslegung der alttestamentlichen Belege kann nur vom hermeneutischen Horizont des Apostels und weiten Teilen des frühen Christentums her verstanden werden. Grundlage für dieses Verfahren ist zum einen die Annahme einer Entsprechung von Urzeit und Endzeit: Die urzeitliche Befreiung aus Ägypten wird sich mit dem endzeitlichen Kommen des Messias wiederholen (vgl. Hos 2,16-25; 9,3; 12,10; Jes 11,10-16; Jer 23,5-8; 31,31-34; Ez 20,33-38; Jes 43,18; 51,9f; 52,12 u.ö.). Zum anderen wird die Auslegung von der Überzeugung dominiert, dass sich von der die Endzeit begründenden Christusoffenbarung her die gesamte Heilsgeschichte erst in ihrer eigentlichen Bedeutung erschließt (vgl. V. 11). Vom Ende her können folglich alle „urzeitlichen" bzw. heilsgeschichtlichen Ereignisse als Typen (V. 6) des endzeitlichen Heilsgeschehens erschlossen, ausgelegt und für die christliche Ethik fruchtbar gemacht werden.

Gegenwelt Gottes, also in den Bereich Satans gehören. Die objektive „Gemeinschaft mit den Dämonen" beim Kultmahl ist deshalb auch mit der Gemeinschaft mit Christus beim Abendmahl unvereinbar (10,21). Für eine derartige Praxis können sich die betroffenen Christen weder auf eine Schutzverheißung Christi oder Gottes berufen, noch auf eine selbst angemaßte geistliche Kraft und Widerstandsfähigkeit (vgl. 10,22: *„Oder wollen wir den Herrn herausfordern? Sind wir stärker als er?"*). Deshalb gilt in diesem Fall nur das absolute Gebot der Distanz: *„Flieht!"* (vgl. auch 2Kor 6,14-18).

Dagegen erlaubt Paulus ausdrücklich den Verzehr von Fleisch, das auf dem Markt gekauft wurde (10,25) oder das im Rahmen einer privaten Einladung serviert wird (10,27), auch wenn die nicht geringe Wahrscheinlichkeit besteht, dass es nach der Schlachtung Gegenstand einer kultischen Darbringung an die jeweiligen Götter war, bei der die minderwertigen Teile geopfert, d.h. verbrannt wurden. Zurückhaltung ist in diesen Fällen nur dann geboten, wenn die kultische Vorgeschichte des Fleisches offen vor allen Gästen ausgesprochen wird. In diesem Fall soll der Christ nicht essen. Der Grund dafür ist jedoch nicht, dass er sich selbst gefährden könnte — denn alles Fleisch ist Gabe Gottes (10,26 mit Verweis auf Ps 24,1) —, sondern weil möglicherweise ein schwacher Mitchrist Anstoß nehmen oder der heidnische Gastgeber darin eine Anerkennung seiner Götter durch den Christen sehen könnte (10,28f.32).

Diese unterschiedliche und nicht leicht zu verstehende Bewertung der jeweiligen Mahlsituationen hat bis heute viele Fragen ausgelöst, besonders natürlich bei Christen in nichtchristlichen Kulturkreisen, die sich häufig mit entsprechenden ethischen Fragen auseinandersetzen müssen.

3. Aktuelle Schlussfolgerungen

Die paulinische Argumentation in 1Kor 8,1-11,1 im Blick auf das Verhältnis zu Göttern, Götzen und Dämonen ist sehr differenziert und in der Tat kasuistisch (von Fall zu Fall verschieden), aber nicht widersprüchlich, wie von verschiedenen Auslegern immer wieder behauptet wird. Vielmehr sind eindeutige Grundlinien erkennbar:

a) Das Bekenntnis zur Einzigkeit Gottes und der Nichtigkeit der heidnischen Götter und Götzen bildet auch für Paulus die Grundlage. Aus diesem Grund steht auch die ganze Schöpfung Gottes dem Christen frei zum bedenkenlosen Genuss (vgl. auch 1Tim 4,4f). Ein ängstliches Nachforschen über eine eventuelle religiöse oder okkulte Vorgeschichte täglicher Gebrauchsgüter widerspricht dem Glauben an Gott, „den Schöpfer des Himmels und der Erden“, und an Jesus Christus, *„durch den alle Dinge gemacht sind und wir durch ihn“* (1Kor 8,6b).

b) Dieses Bekenntnis besitzt nur für den Christen uneingeschränkte Gültigkeit. Nur „in Christus“ bzw. „vor Gott“ sind die Götter und Götzen „Nichtse“ und machtlos. Die Aussage der Nichtigkeit der Götzen kann aus biblischer Sicht immer nur konfessorisch (d.h. als Glaubensbekenntnis), aber nicht ontologisch (d.h. als eine Aussage über Sein oder Nicht-Sein) gemacht werden. Jenseits des christlichen Glaubens haben die okkulten Mächte sehr wohl eine Realität und Macht.

Aus diesem Grund muss es Christen ein Anliegen sein, nicht nur im pädagogischen Kontext der Jugendarbeit und Schule, sondern auch in der gesellschaftlichen Öffentlichkeit auf die Hintergründe esoterischer Praktiken und okkulter Phänomene warnend hinzuweisen.

c) Der Glaube an Jesus Christus schließt die Teilnahme an Veranstaltungen, die explizit im Namen bzw. unter der „Schirmherrschaft“ fremder Götter stattfinden und auf die religiöse Verehrung der jeweiligen Gottheit abzielen, aus. Wer sich bewusst unter die Machtsphäre eines fremden Gottes begibt, der übertritt das erste Gebot, auch wenn er innerlich unbeteiligt bleiben mag und sich subjektiv vom stattfindenden Götzendienst distanziert. Für diesen Fall kann der Christ nicht mehr auf das schützende und bewahrende Handeln Christi bzw. seines Geistes hoffen.

d) Für Paulus handelt es sich auch dann um eine legitime Haltung, wenn ein Christ im Blick auf den geistlichen Charakter bestimmter Dinge seiner Lebenswelt — z.B. aufgrund seiner vorchristlichen Erfahrungen —Vorbehalte und Ängste hat. Keinesfalls soll sich der Christ entgegen seiner Glaubensüberzeugung auf Bereiche einlassen, die für ihn dämonisch belastet sind (vgl. Röm 14,23), da er hier Gefahr läuft in seinem Glauben zugrunde zu gehen und das Heil zu verlieren (vgl. 1Kor 8,11)[13]. Denn in dem Moment tritt er aus dem „Raum des Glaubens“, in dem die Einzigkeit Gottes und die Nichtigkeit der

[13] Die Konsequenz der Warnung in 1Kor 8,11 muss in dieser Radikalität verstanden werden. Der drohende Verlust des Heils ist auch der tiefste und eigentliche Grund, warum Paulus in so intensiver Art und Weise um die Rücksichtnahme auf die schwachen Mitchristen ringt.

Götzen Gültigkeit haben, in den Raum des Unglaubens, in dem diese Mächte wieder ihre alte Realität und Macht gewinnen. Deshalb gilt für den Gefährdeten das Gebot *„Fliehet“* auch in einem Zusammenhang, der für einen anderen Christen unbedenklich ist.

e) Die kasuistische Behandlung des Problems weist ferner darauf hin, dass es für Paulus keine Universalformel für die Bewertung kultureller Lebensvollzüge in heidnischen Kulturen gibt. Vielmehr muss wirklich immer wieder neu „von Fall zu Fall“ überlegt werden, ob eine Beteiligung dem Evangelium und dem Glauben an Jesus widerspricht oder nicht.

Es kann deshalb auch niemals um ein „Ja“ oder „Nein“ zu einer Kultur und Lebenswelt als solcher gehen, *„sonst müsstet ihr ja die Welt räumen“* (1Kor 5,10), sondern immer nur um eine Beurteilung ihrer einzelnen Ausdrucksformen. Im Blick auf die kommende postchristliche und neuheidnische Lebenswelt Europas bedeutet das, dass Christen sich nicht von der Angst dominieren lassen sollen, die stets ein schlechter Ratgeber ist, sondern sich vielmehr darin üben sollen, mit wachem Geist die Geister zu unterscheiden.

„... und sagen ab allem teuflischen Werk und Wesen". Christsein zwischen Anfechtung und Zuversicht

von Dr. Eberhard Hahn

Jedesmal wenn wir das Vaterunser beten, verbinden wir aufs engste eine Bitte mit einem Bekenntnis, die einander auf den ersten Blick zu widersprechen scheinen. Die Bitte lautet: „Und führe uns nicht in Versuchung, sondern erlöse uns von dem Bösen." Daran schließt sich direkt das Bekenntnis an: „Denn dein ist das Reich und die Kraft und die Herrlichkeit."

Die Frage drängt sich auf: Wie ist es möglich, dass Gott die Macht in Händen hält (vgl. Mt 28,20: *alle* Macht!) und dass er dennoch um die Erlösung von dem Bösen gebeten werden muss? Müsste die Machtfülle Gottes nicht notwendig die Machtlosigkeit des Bösen einschließen? Oder umgekehrt: Sollte die Bitte um Erlösung von dem Bösen etwa darauf hinweisen, dass Gott sich seine Macht erst noch zu erkämpfen hat, dass der Ausgang dieses Kampfes gar noch offen sein könnte? Und schließlich: Welche Rolle kommt den Christen innerhalb dieses Kraftfeldes der Mächte zu? Sollen sie sich zuversichtlich oder doch eher besorgt in diesem bewegen? Und was vermögen sie überhaupt innerhalb einer derartigen Konstellation auszurichten?

Zur Beantwortung dieser Fragen wird in einem ersten Teil der Ertrag der vorausgehenden biblischen Untersuchungen systematisch ausgewertet. Dabei soll auch die Frage bedacht werden: Kann man heute überhaupt noch von der Macht des Bösen reden? Im zweiten Teil wird der Sieg des dreieinigen Gottes über die Mächte des Bösen und die sich daraus ergebenden Konsequenzen für das Leben der christlichen Gemeinde dargestellt. Dabei soll ausführlich auf Einsichten Martin Luthers zurückgegriffen werden.

1. Auf den Standpunkt kommt es an — von Ohnmacht und Übermacht des Bösen.

Die Zusammenschau der biblischen Aussagen zum Thema „Mächte" lässt folgende Markierungspunkte erkennen:

1. Gott ist der alleinige und uneingeschränkte Herr der Welt. Sowohl das Grundbekenntnis Israels *„Höre, Israel, der Herr ist unser Gott, der Herr allein"* (5Mo 6,5) als auch das Bekenntnis der neutestamentlichen Gemeinde in 1Kor 8,5f *„Obwohl es solche gibt, die Götter genannt werden, es sei im Himmel oder auf Erden, ... so haben wir doch nur* ***einen*** *Gott, den Vater, von dem alle Dinge sind und wir zu ihm; und* ***einen*** *Herrn, Jesus Christus, durch den alle Dinge sind und wir durch ihn"* machen unmissverständlich deutlich: Nur **einer** ist der wahre Gott; ihm ist niemand gleich.

Davon bleibt selbstverständlich unberührt, dass es viele Götter und Herren gibt, die sich für solche halten und von Menschen auch als solche verehrt werden. Doch gibt es weder im Alten noch im Neuen Testament auch nur den Gedanken an einen Dualismus in dem Sinne, dass der Gott Israels und Vater Jesu Christi mit einem anderen „Gott" auf derselben Stufe stehen würde. Eine solche „Ebenbürtigkeit" kommt damit auch dem Bösen und den bösen Mächten in keiner Weise zu.

2. Der gesamte Bereich der Schöpfung ist nicht göttlichen Wesens, sondern ist Werk des Schöpfers, demnach Geschöpf Der Kosmos ist von Gott „sehr gut" geschaffen worden, hat aber keineswegs göttliche Qualität oder göttliche Macht. Schöpfer und Geschöpf sind aufeinander bezogen, stehen sich aber dennoch grundsätzlich gegenüber.

3. Die Frage nach dem Ursprung des Bösen wird in der Bibel nicht beantwortet. Es ist plötzlich da und bedient sich der Schlange (eines sehr guten Geschöpfes Gottes!), um durch Fragen Zweifel an der Güte Gottes und seines Gebots zu erzeugen.

4. Tod und Auferstehung Jesu markieren den unüberbietbaren Sieg des Gottesohnes über alle Verderbensmächte: Gott hat Jesus (*„den Fürsten des Lebens"*: Apg 3,15) von den Toten auferweckt, *„wie es denn unmöglich war, dass er vom Tode festgehalten werden konnte"* (Apg 2,24). Dieser Sieg wird im Rahmen des irdischen Wirkens Jesu in seinen Wundern bereits vorweggenommen: *„Wenn ich durch Got-*

tes Finger die bösen Geister austreibe, so ist ja das Reich Gottes zu euch gekommen." (Lk 11,20).

5. Dessen ungeachtet begegnet uns intensiv und auf breiter Front die häufig übermächtig scheinende Macht des Bösen. Sie äußert sich vor allem in der Blindheit von Menschen gegenüber der rettenden Macht des Evangeliums (*„... den Ungläubigen, denen der Gott dieser Welt den Sinn verblendet hat, dass sie nicht sehen das helle Licht des Evangeliums von der Herrlichkeit Christi"*: 2Kor 4,4), richtet innerhalb der christlichen Kirche Zerstörungen an (wo die Botschaft des Christus laut wird, dort regt sich auch der Antichrist: *„Wie ihr gehört habt, dass der Antichrist kommt, so sind nun schon viele Antichristen gekommen ... Sie sind von uns ausgegangen, aber sie waren nicht von uns."* 1Joh 2,18f) und äußert sich in ungezählten Formen innerhalb der menschlichen Geschichte.

Aus diesem Grund wird der Teufel mit einem *„brüllenden Löwen"* (1Petr 5,8) verglichen, der auf Beute aus ist; der Kampf mit ihm und *„den Herren der Welt"* ist von anderer Qualität als der *„mit Fleisch und Blut"* (Eph 6,12).

6. Damit stellt sich in der Zeit zwischen dem ersten und dem zweiten Kommen Jesu Christi die Situation der Christen gegenüber der Macht des Bösen in einer unaufhebbaren Spannung dar: Die Herrschaft des dreieinigen Gottes über den Kosmos und darin auch über alles Widergöttliche ist endgültig und unangefochten. Der Widersacher ist als *„Gott dieser Welt(zeit)"* (2Kor 4,4) ein „Gott mit Verfallsdatum", dessen Zeit rasch abläuft (vgl. Offb 12,12). **Während** dieser Zeit aber wirkt sich sein *„großer Zorn"* (ebd.) vielfältig aus.

Die genannte Spannung lässt sich mit den Begriffen „Totalaspekt" und „Partialaspekt" kennzeichnen: In der Totalen, gewissermaßen aus der Vogelperspektive betrachtet, ist der Sieg Gottes über den Bösen und seine Macht umfassend und unbestritten. In unserer begrenzten menschlichen Sicht aber, gewissermaßen aus der Froschperspektive, erscheint dieser Gegner als weit überlegen und höchst bedrohlich. Somit bleibt das „Vaterunser" mit Bitte und Bekenntnis das Gebet der Christenheit bis zu dem Tag, an dem der Sieg Christi in seiner Totalität auch allgemein durchgesetzt sein wird.

7. Vor diesem Tag wird die Macht des Bösen jedoch nicht durch Verharmlosung oder Negierung beseitigt, wie dies in der Neuzeit in vielfältigen Variationen angestrebt wurde. In unserer Gegenwart lässt

sich der eigenartige Vorgang beobachten, dass die „Reduktion des Teufels zur Kasperlefigur" nicht etwa ein aufgeklärtes Zeitalter mit sich gebracht hat, in dem der Bereich des Dämonischen als inexistent ohne Beachtung bleiben würde; vielmehr ereignet sich inmitten von hochtechnisierten Zivilisationen geradezu eine Renaissance von Esoterik, Aberglauben und Teufelskult, die durchaus die Bezeichnung „mittelalterlich" verdient.
Die Frage nach dem Bösen lässt sich daher nicht dadurch klären, dass sie als „unaufgeklärt" und „überholt" gleichsam verboten wird. Vielmehr muss sie im Horizont der genannten Spannung biblisch-theologisch geklärt und gelöst werden.

2. Leben im Licht des Sieges über Sünde, Tod und Teufel

Im Licht der Heiligen Schrift betrachtet stellt der Kosmos keineswegs einen neutralen Raum dar. Vielmehr treibt seit dem Sündenfall innerhalb der von Gott ursprünglich sehr gut erschaffenen Welt der Widersacher sein zerstörerisches Spiel. Diesem Treiben setzt Gott jedoch nicht nur klare Grenzen, sondern auch ein bestimmtes Ende. Der Mensch befindet sich inmitten dieser Auseinandersetzung und kann sich ihr nicht entziehen — ob er diese nun als solche wahrnimmt oder nicht.
Für Martin Luther stand das Eingespannt-Sein des Menschen in diese Kampfsituation außer Frage.[1] Entscheidendes Gewicht kommt dabei jedoch der Tatsache zu, dass dieser Kampf von Gottes Seite her längst gewonnen ist. Gleichwohl trachtet der Teufel in jeder Hinsicht danach, das Werk Gottes zu hindern. Daher ist für den Glaubenden sowohl die Einsicht in diese Vorgänge wie auch die Vorbereitung zum Widerstand von grundlegender Bedeutung. Dem dient Luthers Theologie, die als Auslegung der Heiligen Schrift verstanden und auch als solche beurteilt werden will.
Gewiss finden sich bei Luther vielerlei Hinweise, die als ausgesprochen „mittelalterlicher" Umgang mit dem Thema „Macht des Bösen" gewertet werden mögen (etwa die Charakterisierung des Teufels als

---

1 Vgl. dazu auch die Luther-Darstellung von H.A.Oberman unter dem Titel „Luther: Mensch zwischen Gott und Teufel", Berlin 1982.

„Poltergeist”, der die Menschen in ihren Häusern erschreckt[2]). Doch darf dabei nicht übersehen werden, dass der Akzent eindeutig an einer anderen Stelle liegt: Bei der Auseinandersetzung mit dem teuflischen Werk und Wesen vor dem Hintergrund des Ostersieges Jesu Christi über alle Verderbensmächte. Diese Akzentsetzung soll im Folgenden skizziert werden.

2.1. Der Sieg des dreieinigen Gottes über die Macht des Bösen

2.1.1. Die Erhaltungsmacht Gottes gegenüber der Zerstörung des Lebens

Angesichts der Charakterisierung des Teufels als *„Mörder von Anfang an”* und *„Vater der Lüge”* (Joh 8,44) bzw. als *„Fürst”* (Joh 14,30) oder *„Gott dieser Welt”* (2Kor 4,4) weist Luther auf das grundsätzlich zerstörerische Wirken des Teufels hin.[3] Wenn dem nicht durch das Erhaltungshandeln Gottes gewehrt und unüberschreitbare Grenzen gesetzt werden würden, so würde menschliches Leben ausgelöscht werden. Aller Schaden in der Welt ist des Teufels Werk, z.B. „wo er einem den Hals bricht, hängt oder ertränkt etc. und nicht allein Menschen, sondern auch das Vieh tötet, und was sonst an Schaden in der Welt geschieht, die Luft vergiftet, Getreide und Früchte auf dem Feld durch Wetter und Hagel verdirbt und allerlei Plage und Seuche regieren.”[4] Demgegenüber wirkt sich Gottes gnädiges Bewahren bis in die Einzelheiten unseres Daseins hinein aus:

[2] So hat Luther in seinem Kloster zu Wittenberg den Teufel verschiedene Male poltern gehört, ist aber zu Bett gegangen und hat geschlafen: WA TR 6,219,26 (Nr. 6832); oder: Der Teufel hat Luther mit seinem Spuk oft geplagt, besonders auf der Wartburg. „Da nahm er die Wallnüsse aus dem Tisch und schnellte sie an die Dekke, die ganze Nacht hindurch“: WA TR 2,50,22 (Nr. 2885). Vgl. auch: „Es muss aber ein jedes Land seinen eigenen Teufel haben, Welschland seinen, Frankreich seinen. Unser Deutscher Teufel wird ein guter Weinschlauch sein, und muss Sauf heißen; er ist so durstig und höllisch, dass er mit so großem Wein- und Biersaufen nicht gekühlt werden kann.” (Auslegung des 101.Psalms, WA 51,257,5, Zitate jeweils modernisiert).

[3] „Der Teufel [ist der] König der Ungerechtigkeit, des Todes, [der] Finsternis und Lügen”: Predigten über 1.Mose, 1527; zu 1.Mose 14: WA 24,283,4). „Er ist ein emsiger, unruhiger Geist, der nicht feiert noch satt werden kann mit Lügen und Morden stiften”: Predigt über Eph 6,10ff (1531), WA 34 II, 390,2.

[4] Predigt über Eph 6,10ff, a.a.O., 397,4.

„Wo Gott dem bösen Feind nicht ohne Unterlaß wehren würde, so ließe er nicht ein Körnlein, weder Fisch noch Fleisch, keinen Tropfen Wasser, Bier oder Wein unvergiftet".[5]

2.1.2. Die Rettung aus dem Verderben durch Kreuz und Auferstehung Jesu Christi

Der Vater *„hat uns errettet von der Macht der Finsternis und hat uns versetzt in das Reich seines lieben Sohnes, in dem wir die Erlösung haben, nämlich die Vergebung der Sünden."* (Kol 1,13f). Aus der Perspektive dieses fundamentalen Geschehens heraus stellt Luther nun die einzelnen Aspekte der Auseinandersetzung mit dem Bösen dar.

Der Mensch ist von sich aus nicht in der Lage, das Treiben des Teufels zu durchschauen oder gar sich dagegen zur Wehr zu setzen, handelt es sich doch bei ihm um die Macht, die *„Fleisch und Blut"* (vgl. Eph 6,12) grundsätzlich überlegen ist: „Wir haben keinen solchen Feind, den wir totschlagen und erwürgen könnten, wie man in der Welt tut, denn er [sc. der Teufel] ist ein Geist, der nicht Fleisch und Blut hat."[6] Daher findet sich der Mensch in einer denkbar ungünstigen Situation: „Wir sind hier in des Teufels Reich nicht anders, als wenn ein Pilger in eine Herberge käme, da er wüsste, dass sie alle im Hause Räuber wären."[7]

Die eigentlichen Machtverhältnisse werden daran erkennbar, dass allein Gott selbst das Treiben des Teufels unschädlich zu machen vermag. Luther bezieht sich dabei einerseits auf die Aussage Jesu in Lk

---

5 Predigt von den Engeln (1544), WA 52,716,18. „Der Teufel ließe nicht einen Halm noch Blatt aufgehen und wachsen, wo Gott ihm nicht wehren würde." (Der 147. Psalm [1532], WA 31 I,444,3). „Wenn der Teufel den Frost in der Hand hätte, so müsste nicht allein lauter Winter und ewiger Frost bleiben und kein Sommer mehr werden, sondern es müsste so hart frieren, dass alle Menschen auf einen Tag erfrieren und zu lauter Eisschollen werden würden." (Der 147. Psalm, a.a.O., 448,30).

6 Predigt über Eph 6,10ff, a.a.O., 386,12.

7 Auslegung von 1Petr 5,8 (WA 12,394,24). Des Teufels „Reich oder Kaisertum geht so weit, wie die Welt ist, da ist er ein Herr, hat alles gewaltliglich unter sich, und ist alles sein, was nicht an Christum glaubt, und dazu Erde, Wasser und Luft" (Predigt über Eph 6,10ff, a.a.O., 390,19). „So lange wir in der Welt sind, leben wir in des Teufels Reiche, welches ein Reich des Todes und der Sünde ist." (In XV Psalmos graduum, zu Ps 121,4, WA 40 III,69,20; zit. nach der Übersetzung von Walch[2] Bd. 4, 1800). Vgl. auch: „Der Teufel ist allen Kindern feind und sieht ungern, dass sie zur Welt kommen, wachsen und gedeihen." (Sermon von den Engeln [1530], WA 32,116,11).

11,20: *„Wenn ich aber durch Gottes Finger die bösen Geister austreibe, so ist ja das Reich Gottes zu euch gekommen”.*[8] Andererseits argumentiert er durchgehend von dem von Christus in Kreuz und Auferstehung errungenen Sieg her: Dem Teufel ist „der Kopf zerschmettert, und Christus hat ihm seine Gewalt genommen.”[9]
Daher setzt der erhöhte Christus durch die Zeiten sein Befreiungswerk fort: Christus ist „ein Herr über den Teufel und sein Reich ..., und das Werk, das er damals leiblich angefangen hat [sc. mit dem Austreiben des Teufels], wird nicht aufhören, sondern muss bis zum jüngsten Tag in der Christenheit weitergehen.”[10] Dabei sind die Mittel dieses Kampfes denkbar unscheinbar: „Denn zu solchem Werk hat Christus seine Werkzeuge hinterlassen, und zwar die heilige Taufe, das hochwürdige Sakrament, das Wort und die Absolution und das andere, das zum Predigtamt gehört, dass man damit des Teufels Reich zerstöre, ihm die Leute abfange und ihn aus den Leuten treibe.”[11] Luther wird nicht müde, die Macht dieser unzulänglich erscheinenden Waffen stets neu hervorzuheben: „Darum lasst uns Gott für solche Gnade danken, dass er uns seinen Sohn zur Hilfe gegen den Teufel geschickt, ihn ausgetrieben und sein Wort bei uns gelassen hat; durch dieses Wort wird bis zum heutigen Tag dieses Werk fortgeführt, des Teufels Reich zerstört und das Reich Gottes erbaut und gemehrt.”[12]
Dem Charakter der Mittel entspricht ihre „Anwendung” auf Seiten der Glaubenden: sie erfolgt durch Taufe, Abendmahl, Absolution, Hören des Wortes Gottes.[13] Dieses Wort ist nicht weniger als die Gegenwart des erhöhten Christus selbst und birgt aus diesem Grund allein die göttliche Macht in sich: „Wenn wir den Teufel überwinden wollen, so

---

8 Christus ist der Herr „über den Teufel und seine ganze Macht”; er tut das Werk, das „allein göttlicher Majestät Werk und Vermögen ist, nämlich den Teufel, Tod, Sünde und Hölle zu tilgen.” (Predigt über Mt 8,23-27, WA 51,153,14).

9 Predigt am Karfreitag. 1523, WA 37,21.23.

10 Predigt über Lk 11,14-28 (1544), WA 52,183,6.

11 Predigt über Lk 11,14-28, a.a.O., 183,9.

12 Predigt über Lk 11,14-28, a.a.O., 191,37. Auf den Ausruf „Oh meine Sünden!“ hin rät Luther: „Ich schlage euch vier Dinge vor, die dem Teufel und den Sünden entgegenzuhalten sind: dass man getauft sei, dass man Vergebung erlangt habe, dass man am Abendmahl teilgenommen habe, dass man sich täglich im Wort übe” (WA TR 2,429,19: Nr. 2353).

13 „Das Reich des Teufels ist so mächtig und hält fleißig. Dieses Reich greifst du an, wenn du dich taufen läßt, das Wort hörst, das Sakrament empfängst.” (Predigt über Lk 11,14-28, a.a.O., 190,33).

müssen wir es mit diesem süssen Anblick und Trost tun, von dem der Engel hier predigt und sagt: 'Euch ist der Heiland geboren.' Wenn dieser Blick recht ins Herz fällt, so hat man schon gewonnen."[14] Die Verwurzelung im Trost des Wortes Gottes rüstet allein zum siegreichen Kampf gegen die feindliche Macht: „Wer mit dem Teufel streiten will, der darf nicht hin und her wanken und schlottern, sondern muss der Sache gewiß und mit klarer gewisser Schrift gerüstet sein; denn wenn ihn der Teufel durch unsicheres Verständnis auf seine Gabel nimmt, dann wirft er ihn hin und her wie der Wind ein dürres Blatt".[15]

Aus der Kraft des Wortes[16] heraus erwächst der Glaube und die Begabung mit dem Heiligen Geist. Dabei sind alle Aussagen über den menschlichen Widerstand gegen das Böse auf den grundlegenden Sieg Christi zurückbezogen: Christus hat „für uns den Teufel und seine Macht geschlagen und getilgt, dazu gibt er auch uns den Glauben und Heiligen Geist, dadurch wir auch seine Bosheit, Zorn und Macht vollends niederschlagen können."[17] Daher gilt: „Wenn du Gottes Wort im Herzen ergreifst und hältst dich mit dem Glauben daran, so kann der Teufel nicht gewinnen, sondern muss fliehen."[18] Daraus erwächst die gewisse Zuversicht für das Leben im Glauben: „Dazu hat er [sc. Gott] dir auch den Heiligen Geist zugesagt zu geben, der dir überwinden hilft, so dass du nicht unterliegen sollst, wenn du im Glauben bleibst. So heißt er dich auch dort, wo du Schwachheit fühlst und Not leidest, ihn anrufen und bitten und gewiss sein, dass er dich erhören wird".[19]

Damit wird auch verständlich, dass die Umtriebe des Teufels auf die Diskreditierung des göttlichen Wortes, auf die Erzeugung von Zwei-

---

14 Predigt am Christtag zu Lk 2,1-20, WA 52,42,33. Vgl. auch: Wider den Teufel ist „kein Heer, Wehr oder Waffen, keine Macht noch Stärke bei uns selbst ... ohne das eine Wort, das eine geistliche ewige Kraft Gottes und unser einziger Harnisch ist." (Predigt über Eph 6,10ff, a.a.O., 391,21).

15 Predigt über Lk 14,16-24 (1523), WA 12,598,10.

16 „Der Teufel ist keinem Ding so feind als dem lieben Wort, denn er kann sich unter allen Kreaturen bergen; allein das Wort deckt ihn auf und zeigt, wie schwarz er ist" (Auslegung von 1Petr 5,8f, zit. nach der 2.Bearbeitung bei Walch[2] Bd. 9, 1288).

17 Predigt über 1Petr 5,5-11, WA 22,45,28.

18 Predigt über 1Petr 5,9 (1523), WA 12,396,8.

19 Predigt über 1Petr 5,5-11, WA 22,45,10.

fel und Unglauben zielen. Dies wird paradigmatisch am Gespräch der Schlange mit Eva in 1Mo 3 erkennbar.[20]

Neben dem Glauben gelten die satanischen Machenschaften der Liebe: Der Teufel, „der vom Anfang sündigt, tut entweder ein Werk der Lüge oder des Mordes. Durch das eine nimmt er den Glauben, durch das andere die Liebe weg".[21] Dazu gehört auch der Versuch, dem Christen die Sünde derart massiv vor Augen zu stellen, dass die göttliche Gnade dahinter verschwindet: Er strebt danach, „dass er unser Gewissen in Sünden bestrickt erhalte und mit ewiger Höllenangst und Verzweiflung plage".[22] Dem ist entschlossen mit dem Verweis auf Christus entgegenzutreten: „Der Teufel hat das Jawort gewonnen, dass du gesündigt hast und zurecht verdammt seist, wie Judas. Aber wende dich nun zu Christus, wie Sankt Petrus, und sieh, was er für dich getan hat: Christus hat dein Jawort durch sein Blut verdammt und zunichte gemacht, so dass es dir nicht schaden soll".[23]

Außer dem vernichtenden Angriff auf das Vertrauen zu Gottes Wort und den Glauben an Jesus Christus setzt der Widersacher verschiedenartige andere Mittel der Zerstörung ein: „Welchen der Teufel mit Armut, Mangel, Elend nicht überwinden kann, den greift er an mit Reichtum, Gunst, Ehre, Lust, Gewalt etc. und kämpft so auf beiden seiten gegen uns ... Was er nicht mit Leid und Liebe ... stürzen kann, dagegen greift er an mit Irrtum, Blindheit und falschem Verständnis der Schrift; wenn er dort gewinnt, ... so ist alles verloren."[24] Er kann

---

20 Der Teufel rückt und reißt Eva zuerst vom Wort Gottes ab; er sucht den Christen das Hauptgut, das Wort Gottes, und den Glauben daran zu nehmen. „Wenn er den Menschen dahin reißt, dass er zweifelt, so bringt er ihn auch bald dazu, dass er Gott lästert und spricht: 'Gott hat es nicht geboten, oder wenn er es geboten hat, dann meint er es nicht so." (Predigten über das 1.Buch Mose, 1527; zu 1.Mose 3, WA 24,85,26; 86,21; 87,19). Der Teufel „bringt das vor allem mit ein ..., dass Gott nicht freundlich sei; dies ist die allergiftigste Anfechtung, die einem Menschen widerfahren kann." (a.a.O., 87,33). „Wenn er das Wort und den Glauben gewinnt, so hat er's alles." (a.a.O., 91,11).

21 Vorlesung über den 1.Johannesbrief (1527), WA 20,765,37.

22 Auslegung von Joh 16, WA 46,56,22. „So schürt der Teufel, wo er sieht, dass die Gewissen mit ihren Sünden fechten, so dass er sie immer dahin führen und bereden will, dass sie sich keiner Gnade zu Gott versehen sollen" (Predigt über Joh 20,24-31, WA 52,574,34).

23 Von der Winkelmesse und Pfaffenweihe, 1533 (WA 38,205,20).

24 Predigt über Mt 4,1ff, 1525 (WA 17 II,195,26).

sich in einen *„Engel des Lichts"* (vgl. 2Kor 11,14)[25] verkleiden und mit Bibelversen (vgl. Mt 4,6) argumentieren.[26] Dies kann sogar zu dem Versuch führen, die Glaubenden „geistlich trunken zu machen, dass uns mit der Zeit die Liebe und Lust zu Gottes Wort vergehe etc."[27]

Doch darf über allem nicht vergessen werden: Alle Angriffe erfolgen ausschließlich im Rahmen des Willens Gottes, der auch dieses Treiben zur Durchführung seines umfassenden Heilshandelns einsetzt: „Der Teufel mag würgen Leib, Ehre und Gut; aber damit muss er unser untertäniger, unwilliger Diener sein zu unserem Besten und zum ewigen Leben".[28] Luther bekennt für sich, dass die Massivität derartigen Widerstandes die Tragfähigkeit seiner Theologie in besonderer Weise gefördert hat: „Hätte uns der Teufel diese Jahre her nicht so heftig mit Gewalt und List angegriffen, wir wären nimmermehr zu dieser Gewissheit der Lehre gekommen".[29]

So lässt sich abschließend festhalten: „Das ist ein elender und ohnmächtiger Teufel, der auch nicht über ein einziges Haar an dem Leibe der Gläubigen Macht und Gewalt hat".[30]

---

25 In diesen Zusammenhang gehört auch Luthers Bezeichnung des Teufels als „Gottes Affe": „Der Teufel will immerdar Gottes Affe sein, und trifft es doch nimmer" (Predigten über das 1.Buch Mose, a.a.O., 561,14).

26 Kann der Teufel „Gottes Wort nicht mit Gewalt hindern, so stellt er sich degegen mit schönem Schein, nimmt ebendieselben Worte, die Gott spricht, und verkehrt sie, damit er seine Lüge und Gift damit vermischt verkaufen kann" (Predigt über Mt 13,24-30, 1528, WA 52,829,8). „Aber du lerne: Der Teufel kann auch die Schrift zitieren und die Leute damit betrügen. Doch hat dies folgenden Mangel: Er führt die Schrift nicht ganz an, sondern nimmt nur so viel, wie es ihm für seine Sache dienlich ist. Was ihm aber nicht dient, das lässt er aus und schweigt davon" (Predigt über Mt 4,1-11, 1534, WA 52,175,6).

27 Predigt über 1Petr 5,8ff; zit. nach der 2.Bearbeitung bei Walch[2] Bd. 9, 1290; vgl. WA 47,841,7: Erkenne, wie der Teufel „einen geistlichen Trunkenbold aus dir macht".

28 Schöne Sprüche zu Joh 16,33, 1544 (WA 48,192,6). „Das ist ein besonders tröstliches Stücklein, dass ... unser Herr Gott den Teufel so gefangen hat, dass er nicht weiter schaden kann, als Gott ihm vergönnt und erlaubt" (Predigt von den Engeln, a.a.O., 718,18). Vgl. auch: „Gott läßt zu, dass uns der Teufel Böses zufüge, damit wir als Gedemütigte uns auf seine Barmherzigkeit werfen" (vgl. Auslegung zu Psalm 90, WA 40 III, 585,21).

29 Predigt über 1Petr 1,7; zit. nach der 2.Bearbeitung bei Walch[2] Bd. 9, 1131. Letztlich müssen alle diese Anfechtungen dazu dienen, „dass wir fleißiger im Worte forschen, dass wir lernen zu beten, zu glauben, zu hoffen" (vgl. die Auslegung von Ps 122, WA 40 III,90,23).

30 Anmerkungen zum Matthäus-Evangelium, WA 38,507,14.

2.2. Die Taufe als Rettungshandeln Gottes

Die Zueignung des in Kreuz und Auferstehung Jesu Christi erworbenen Heils ereignet sich in der Taufe.[31] In der Taufe wird der Mensch insofern in das Heilsgeschehen hineingenommen, als er hierbei in den Tod Christi getauft und mit ihm begraben wird (vgl. Röm 6,3f).[32] Die Taufe ist das *„Bad der Wiedergeburt"* (Tit 3,5), in dem der Getaufte nicht nur seinem Leben der Sünde abstirbt, sondern aus dem er zugleich als neues Geschöpf auftaucht. Reinigung und Heiligung sind bei der Taufe miteinander verbunden (vgl. Eph 5,26f). Dieses Geschehen ist ausschließlich Handeln Gottes am Menschen (vgl. das Stichwort „Geburt"!) und wird von ihm im Glauben dankbar empfangen. Dadurch wird das gesamte christliche Leben als „Leben aus der Taufe" (vgl. Röm 6,4: *„damit ... auch wir in einem neuen Leben wandeln"*) charakterisiert.

Da sich in der Taufe der Sieg Christi über die Mächte stets aufs Neue als wirksam erweist, erfolgt dieses Geschehen innerhalb eines besonderen Konfliktbereichs, der daher in der Taufliturgie speziell ins Blickfeld tritt. Martin Luthers Taufbüchlein von 1526 macht diese Zusammenhänge eindrucksvoll deutlich; es ist als Teil des Kleinen Katechismus in die Bekenntnisschriften der Evangelisch-Lutherischen Kirche eingegangen.[33]

Am Anfang steht die Einsicht in die bedrängende Tatsache, dass sich ein Mensch ohne Christus im Machtbereich des Bösen befindet. In der Konsequenz des Sündenfalls gilt dies uneingeschränkt — auch für den Neugeborenen. Die Eingangsgebete im Taufgottesdienst bringen diese Situation vor Gott. Sie machen deutlich: Die Kirche trägt ein Kind mit vielen Klagen und großem Ernst zur Taufe „und bekennt so mit beständigen, ungezweifelten Worten vor Gott, es sei vom Teufel

---

[31] Der Umstand, dass vielfältige Anfragen an die Sachgemäßheit der Tauf**praxis** in und zwischen Kirchen höchst kontrovers diskutiert werden, darf keinesfalls den Blick für die Realität des von Gott in der Taufe gewirkten **Geschehens** verstellen, das in der Heiligen Schrift in wünschenswerter Klarheit und Eindeutigkeit entfaltet wird.

[32] Solches Wissen gehört im übrigen zum Grundbestand des christlichen Glaubens. Paulus fragt: *„oder wisst ihr nicht, ..."* (ebd.).

[33] Luther bezieht sich dabei natürlich auf die Taufe von Neugeborenen; doch geht es ihm um das Tauf**ereignis,** nicht um das Tauf**alter**.

besessen und ein Kind der Sünden und Ungnaden,[34] und bittet so fleißiglich um Hilfe und Gnade durch die Taufe, dass es ein Kind Gottes werden möge."[35]

Dabei hat die Auseinandersetzung mit dem Widersacher Gottes einen doppelten Aspekt: Zum Einen wird der Sieg Christi über die Macht des Bösen proklamiert und im Blick auf den Täufling konkret beansprucht. Damit wird aber zugleich ein lebenslanger Konflikt ausgelöst: Der Glaube an den dreieinigen Gott wird von diesem Feind in vielfältiger Weise angefochten und bekämpft werden: „Darum wollest Du bedenken, wie es durchaus kein Scherz ist, wider den Teufel zu handeln und denselben nicht allein von dem Kindlein zu jagen, sondern auch dem Kindlein einen solch mächtigen Feind sein Leben lang auf den Hals zu laden, dass es wohl not ist, dem armen Kindlein aus ganzem Herzen und starkem Glauben beizustehen, aufs andächtigste zu bitten, dass ihm Gott nach dem Wortlaut dieser Gebete nicht allein aus des Teufels Gewalt helfe, sondern auch stärke, dass es gegen ihn ritterlich im Leben und Sterben bestehen möge."[36]

Angesichts dieser Sachlage ist klar, dass begleitende Zeremonien aus der kirchlichen Tradition keineswegs die entscheidende Hilfe zu vermitteln vermögen; denn das alles sind „nicht die rechten Kunstgriffe ..., die der Teufel scheut oder flieht. Er verachtet wohl größere Dinge; hier muss es mit Ernst zugehen."[37] Bei diesen handelt es sich — wie in Teil 2.1. bereits deutlich wurde — um Gottes Wort, wahren Glauben und ernstes Gebet.[38]

In Anknüpfung an die altkirchliche Praxis hat **vor** der Taufe (ursprünglich vor dem Eintritt in die Kirche) der Exorzismus seinen Ort. „Menschen lösen sich heraus aus der Herrschaft der Finsternis, werden für Gott beschlagnahmt und unter Christi Kreuz gestellt."[39] Dazu sieht das „Taufbüchlein" vor: „Der Täufer spreche: 'Fahr aus, Du un-

---

[34] Vgl. auch die Erklärung des 3. Glaubensartikels im Großen Katechismus: „Denn vorhin, ehe wir dazu [sc. zur Gemeinschaft der Heiligen] gekommen sind, sind wir gar des Teufels gewesen, als die von Gott und Christo nichts gewusst haben.": Die Bekenntnisschriften der Evangelisch-Lutherischen Kirche (hrsg. 1930), Göttingen [11]1992, 657,39 (Sprache modernisiert).

[35] BSLK, a.a.O., 536,2.

[36] BSLK, a.a.O., 536,8.

[37] BSLK, a.a.O., 537,5.

[38] Vgl. BSLK, a.a.O., 538, Anm. 7.

[39] A. Peters, Kommentar zu Luthers Katechismen Bd. 5 (hrsg. v. G. Seebaß), Göttingen 1994, 185.

reiner Geist, und gib Raum dem heiligen Geist.’ Darnach mache er ihm [sc. dem Täufling] ein Kreuz an die Stirn und Brust und spreche: 'Nimm das Zeichen des heiligen Kreuzes sowohl an der Stirn und an der Brust! Laßt uns beten ...'“[40].

In der Kirche erfolgt die Abwendung von allem teuflischen Werk und Unwesen (*abrenuntiatio diaboli*) und die Hinwendung zum dreieinigen Gott durch das Bekenntnis der Paten:

„Darnach lasse der Priester das Kind durch seine Paten dem Teufel absagen und spreche:

'N., entsagest Du dem Teufel?' — Antwort. 'Ja.'

'Und allen seinen Werken?' — Antwort. 'Ja.'

'Und all seinem Wesen?' — Antwort. 'Ja.'

Darnach frage er:

'Glaubst Du an Gott, den allmächtigen Vater, Schöpfer Himmels und Erden?' — Antwort. 'Ja.'

'Glaubst Du an Jesus Christus, seinen einigen Sohn, unsern Herrn, der geboren wurde und gelitten hat?' — Antwort. 'Ja.'

'Glaubst Du an den heiligen Geist, eine heilige christliche Kirche, Gemeinde der Heiligen, Vergebung der Sünde, Auferstehung des Fleisches und nach dem Tod ein ewiges Leben?' — Antwort. 'Ja.'

---

[40] BSLK, a.a.O., 538,17. Später wurde der Exorzismus zur Bitte an Christus um Befreiung von der Macht des Bösen verwandelt. In der Neuzeit wurde mit der Form zugleich auch die Sache aufgegeben. Im Jahr 1804 erläutert G.FSeiler die inzwischen gängige Taufliturgie so: „Die meisten Mitglieder der evangelischen Kirche wissen es ja, dass die neugeborenen Kinder der Christen unschuldige Geschöpfe des allerheiligsten Gottes sind, in denen zwar Anlagen zu allzu großer Stärke der Sinnlichkeit und Keime der Sündhaftigkeit vorhanden sind; die aber durchaus nicht unter einem gefährlichen Einfluss des bösen Geistes stehen. Freilich hatte man zu Luthers Zeiten eine andere Ansicht von der Taufe.” (Allgemeine Sammlung liturgischer Formulare von 1804, Einleitung zum 2.Abschnitt, zit. bei A. Peters, a.a.O., 174). Dagegen hält eine Taufordnung aus dem Jahre 1944 fest: „Die Heilige Schrift sieht den ganzen Menschen von Haus aus in der Gewalt des Fürsten dieser Welt ... Jesus Christus hat seiner Kirche die Vollmacht und die Gnadengabe geschenkt, in seinem Namen die Teufel auszutreiben.” Daraus ergibt sich für die Kindertaufe: „Wird die Diskussion über den Exorzismus auf dem Boden des lutherischen Bekenntnisses geführt, dann kann darüber nicht gestritten werden, dass auch ein Kind christlicher Eltern durch seine Geburt in den Machtbereich der teuflischen Gewalten eintritt. Aufgrund der Lehre von der Erbsünde ist zu sagen, dass ein ungetauftes Kind christlicher Eltern in der Tiefe seines Wesens nicht weniger unter die Gewalt der finsteren Mächte verkauft ist als jeder ungetaufte Mensch.” (Beckmann/Brunner/Reindell, Ordnung der Hl. Taufe und der übrigen Handlungen der Initiation [unveröffentlicht], zit. bei A. Peters, a.a.O., 174.

'Willst du getauft sein?' — Antwort. 'Ja.'"[41]
Die in der Taufe zugeeignete neue Geburt bringt mit sich, „dass wir aller Tyrannei des Teufels ledig, von Sünden, Tod und Hölle los sind, Kinder des Lebens und Erben aller Güter Gottes und sogar Gottes Kinder und Christi Brüder werden."[42]

3. Leben im Glanz der Herrschaft Christi

Alle Erwägungen zum Umgang mit dem Bösen haben von **einem** Punkt auszugehen und zu **einem** Punkt zurückzuführen: dem Kommen der Gottesherrschaft in Leben, Sterben und Auferstehen Jesu Christi und der universalen Durchsetzung der Gottesherrschaft in Christi Wiederkunft. Damit wird festgehalten, dass der Sieg über alle gottwidrigen Mächte von Teufel, Tod und Hölle ausschließlich Sache Jesu Christi ist, und christliche Existenz allein im Glanz dieser Herrschaft Christi möglich ist.
Angefochten wird solches Leben durch den Umstand, dass die Gottesherrschaft weitgehend verborgen ist, sich in den völlig unzureichend erscheinenden Mitteln von Evangeliumsverkündigung, Taufe und Abendmahl bzw. Glaube und Gebet kundgibt und der Macht des Bösen häufig völlig unterlegen zu sein scheint. Dabei ist zu bedenken: Seit dem Sündenfall stöhnt die gesamte Schöpfung unter den Auswirkungen der Verderbensmächte (vgl. Röm 8,20ff). Davon sind daher auch Christen betroffen. Dies gilt für den persönlichen Bereich von Krankheit, Elend und Tod, für den Bereich überschaubarer menschlicher Gemeinschaft etwa im Blick auf Unglücksfälle oder Kriege, für den weltweiten Bereich hinsichtlich von Erdbeben oder anderen globalen Katastrophen.
Obwohl Christen somit von solchen Ereignissen nicht ausgenommen sind, erschließt der Glaube an die Herrschaft Jesu Christi dennoch eine völlig neue Perspektive: Was vordergründig als blindes Schicksal oder zerstörerisches Spiel widergöttlicher Mächte erscheint, entgeht doch in keiner Weise dem souveränen Wirken Gottes. Er bestimmt Zeit und Stunde, setzt unüberwindliche Grenzen, trägt dafür Sorge, dass das vermeintlich Böse zum Besten dienen muss. Der Glaube weiß: *„Nichts kann uns scheiden von der Liebe Christi bzw.*

[41] BSLK, a.a.O., 540,19.
[42] BSLK, a.a.O., 537,38.

Gottes“ (vgl. Röm 8,35.39). Wer durch Christus mit Gott versöhnt ist und die Vergebung der Sünden empfangen hat, dem wurde damit auch der eigentliche „Stachel“ der Verderbensmächte entfernt (vgl. 1Kor 15,55f).[43]

Ungeachtet aller Anfechtung durch böse Widerfahrnisse wendet sich der Christ in allen Lebenslagen vertrauensvoll an seinen himmlischen Vater mit der Bitte um Bewahrung, Hilfe und Segen und erfährt die Erhörung dieser Bitte in vielfältiger Weise. Doch gerade auch dort, wo ihm die Erhörung versagt bleibt, weiß er sich dennoch in der Hand dieses Vaters geborgen.[44]

Das Wissen um diese Geborgenheit bleibt angefochten. Daher äußert es sich in der täglichen Bitte wie auch im täglichen Dank. Ein Beispiel dafür bildet Luthers Morgen- bzw. Abendsegen, bei dem beide Male der Dank für die empfangene Bewahrung mit der Bitte um den notwendigen Beistand gegenüber dem Bösen verbunden wird: „Ich danke dir, mein himmlischer Vater, durch Jesus Christus, deinen lieben Sohn, dass du mich diese Nacht vor allem Schaden und Gefahr behütet hast (bzw.: diesen Tag gnädiglich behütet hast), und bitte dich, du wollest mich diesen Tag auch behüten vor Sünden und allem Übel, dass dir all mein Tun und Leben gefalle (bzw.: du wollest mir vergeben alle meine Sünde, wo ich Unrecht getan habe). Denn ich befehle mich, meinen Leib und Seele und alles in deine Hände. Dein heiliger Engel sei mit mir, dass der böse Feind keine Macht an mir finde.“[45] Dieselbe Verbindung findet sich bei vielen Morgen- und Abendliedern.[46]

---

43 Vgl. dazu auch E. Hahn, „Ich glaube ... die Vergebung der Sünden“. Studien zur Wahrnehmung der Vollmacht zur Sündenvergebung durch die Kirche Jesu Christi, FSÖTh 92, Göttingen 1999, 29ff.

44 Vgl. dazu als Beispiel aus dem Alten Testament das Bekenntnis der drei Freunde angesichts des ihnen drohenden Feuertodes: *„Wenn unser Gott, den wir verehren, will, so kann er uns erretten; aus dem glühenden Ofen und aus deiner Hand, o König, kann er erretten. Und wenn er's nicht tun will, so sollst du dennoch wissen, dass wir deinen Gott nicht ehren und das goldene Bild, das du hast aufrichten lassen, nicht anbeten wollen.“* (Dan 3,17f).

45 Vgl. BSLK, a.a.O., 521,25; 522,10.

46 Die helle Sonn leucht' jetzt herfür (EG 437); Es geht daher des Tages Schein (EG 439); Aus meines Herzens Grunde (EG 443); Wach auf, mein Herz, und singe (EG 446); Hinunter ist der Sonne Schein (EG 467); Christe, du bist der helle Tag (EG 469); Die Nacht ist kommen (EG 471); Mit meinem Gott geh ich zur Ruh (EG 474) u.a.

Die Wirklichkeit christlicher Existenz in der Spannung zwischen Anfechtung und Zuversicht lässt sich umfassend mit einem Bild illustrieren, das Martin Luther im Kontext der Rechtfertigung geprägt hat: „Ein Mensch, der an Christus glaubt, ist durch göttliche Zurechnung gerecht und heilig, er lebt und ist schon im Himmel ... Aber dieweil wir hier getragen werden in des Vaters Schoß, mit dem allerbesten Kleide gekleidet, kommen unsere Füße unter dem Mantel hervor, und die sucht Satan, wie er nur kann, zu beißen. Da zappelt das Kindlein und schreit und fühlt, es habe noch Fleisch und Blut, und der Teufel sei noch da ... Also sind wir denn heilig und frei, doch im Geiste, nicht im Fleische ... Doch die Füße bleiben noch zu waschen, denn sie sind unrein. Du musst das Füßlein mit unter den Mantel ziehen, sonst hast du keinen Frieden!“[47]

[47] Dritte Disputation gegen die Antinomer, WA 39 I, 519ff.

Das Böse — eine kritische Auseinandersetzung mit der Philosophie- und Religionsgeschichte

von Dr. Rolf Hille

Im ersten Beitrag dieses Buches ging es um die grundlegende biblisch-theologische Darstellung der Mächte des Bösen. Der christliche Glaube muss nämlich zunächst die biblische Lehre nach innen, d.h. in die Gemeinde hinein entfalten. Aber wegen seines missionarischen Auftrags an die Welt soll er zudem in der Lage sein, Rechenschaft abzulegen über die Hoffnung, die in uns ist (vgl. 1Petr 3,15). Um diese zweite Dimension systematisch-theologischer Arbeit geht es deshalb in diesem Beitrag, in dem wenigstens ansatzweise die Auseinandersetzung mit Positionen der Philosophie- und Religionsgeschichte aus biblischer Perspektive geführt werden soll. Wie stellt sich das Problem des Bösen für die natürliche Vernunft des Menschen, also philosophisch dar. Welche Überzeugungen werden von den Ideologien und Religionen vertreten. Selbstverständlich können diese riesigen Themen hier nur knapp und elementarisierend angerissen werden. Es geht vor allem darum deutlich zu machen, worin sie sich grundlegend von der biblischen Offenbarung unterscheiden. Dies hilft einerseits zur Klärung der Wahrheitsfrage nach außen und zum anderen zur Profilierung der christlichen Überzeugung nach innen.

1. Begriffsbestimmung und Problemhorizont des Bösen

Das Böse bezeichnet grundlegend ein doppeltes Problem. Zum einen geht es um die radikale ethische Entgegensetzung von gut und böse, die vom Menschen sittliche Werturteile und Entscheidungen verlangt. Zum anderen werden mit gut und böse auch Aussagen über Seinszustände der Wirklichkeit (wie Krankheit, Leid, Katastrophen etc.) beschrieben, die der Mensch in ihrem Sosein als böse erfährt. Die letztere, die ontologische, d.h. seinsmäßige Verwendung des Begriffs „böse“ wird in der theologischen und philosophischen Tradition u.a. durch den Begriff „Das Übel“ charakterisiert. Bei der Frage nach dem

Wesen des Bösen sind die folgenden elementaren Probleme zu klären: In welchem Verhältnis steht das moralisch Böse zum ontologischen Übel? Nach welchen erkenntnistheoretischen Kriterien kann der Unterschied von gut und böse bestimmt werden? Worin ist der Ursprung des Bösen zu sehen — im Menschen selbst (also anthropologisch) oder in satanischen Mächten bzw. einer negativen Kehrseite Gottes und damit metaphysisch? Unter dem metaphysisch Bösen wird hier also die Wirklichkeit des Bösen als Seinsdimension verstanden, die jenseits unserer irdischen Erfahrungswelt bestimmend ist. Konkret bedeutet dies, dass das Böse entweder göttlicher oder dämonischer Natur ist. Schließlich geht es um das entscheidende Problem: Wie kann das Böse überwunden werden? Die letztgenannte Frage bestimmt weitgehend die gesamte Philosophie- und Religionsgeschichte.

2. Der Ursprung des Bösen

Die Bibel und in ihrer Folge die klassische christliche Theologie sieht das Böse — wie wir bereits im ersten Artikel dieses Aufsatzbandes gesehen haben — eindeutig in der metaphysischen Realität des Satanischen bzw. des Dämonischen begründet. Satan wird dabei als eine geschaffene, personale Wirklichkeit verstanden, die Gott als dem guten Schöpfer zwar prinzipiell unterworfen ist, sich diesem aber dennoch in universaler Dimension radikal entgegenstellt. Der Satan unterwirft sich durch seine Verführungskunst den Menschen und bestimmt dadurch sowohl diese Welt als auch den gegenwärtigen Äon (Weltzeitalter). Im fundamentalen Unterschied zur außerchristlichen Religionsgeschichte (z.B. dem Parsismus, der ägyptischen und babylonischen Mythologie oder auch dem Hinduismus) wird Gott selbst in der Bibel jedoch nie mit dem Bösen identifiziert. Die Bibel lehnt jeden metaphysischen Dualismus ab; also jede Vorstellung von gleichberechtigten guten und bösen Göttern (1Kor 8,5f).
Die oben exemplarisch aufgeführten Religionen sind jedoch genau von dieser Art des metaphysischen Dualismus bestimmt. In ihren Überzeugungen stehen sich göttliche und dämonische Mächte auf derselben Ebene als gleichrangige Gegenspieler gegenüber.
Dem widerspricht die Bibel vehement. Nach biblischer Vorstellung gibt es weder böse Wesenszüge in Gott noch böse Götter, die als Dämonen Gott gleichrangig gegenüberstehen oder seine Macht begrenzen könnten. Gott ist vielmehr der absolut Gute (Mk 10,18) und der in

seiner Göttlichkeit konkurrenzlos Einzigartige (2Mo 20,2-5 und 5Mo 6,4-5), während die Götter der Heiden um ihrer Nichtigkeit willen verspottet werden (Jes 40,18-20 und 46,5-9).
Aus der Tatsache, dass Gott als der schlechthin Gute die von ihm geschaffene Kreatur, selbst wenn sie sich als satanischer Widerspruch gegen ihn wendet, nicht zu fürchten hat, darf aber nicht gefolgert werden, dass das Böse an sich ohnmächtig oder nichtig wäre. Diese Position wurde in der Theologiegeschichte häufig vertreten, so z.B. zumindest tendentiell von Karl Barth (1886-1968)[1]. Das Böse tritt vielmehr mit eigenständiger Verführung an den Menschen heran, um ihn von Gott abzuziehen (1Mo 3,1-6 sowie in Analogie dazu Mt 4,1-11) und bedroht als höchst aktive Macht seine Existenz in der Welt (Eph 6,10-17). Unter den neueren Dogmatikern hat besonders Karl Heim (1874-1958)[2] die Wirksamkeit satanischer Mächte gegenüber der neuzeitlichen Leugnung des Dämonischen realistisch dargestellt.[3]

3. Macht und Ohnmacht Satans

Dennoch wirft die Existenz eines übernatürlichen, personalen Wesens, das sich gegen Gott empört, notwendig die Frage nach der Gottheit Gottes auf. Im Blick auf dieses Problem hält die Bibel zwei Aspekte zusammen, die im Horizont der formalen Logik nicht mehr vermittelt und in ihrer Spannung aufgelöst werden können. Einerseits ist Satan eine Wirklichkeit, die gegen Gott steht und das Böse, das sie ist und das von ihr ausgeht, selbst verantworten muss; insofern stehen sich Gott und Satan in je eigener Souveränität gegenüber. Gott hat als Schöpfer an der dämonischen Wirklichkeit jedoch weder Anteil noch Schuld. Andererseits bleiben der Satan mitsamt seinen Dämonen in seinem Wirken auf die Zulassung Gottes angewiesen; insofern ist der Teufel „Gottes Teufel“. Denn der Satan und die Dämonen sind bloße Geschöpfe, die keine göttliche Macht haben. Die Bibel lehnt wie gesagt damit die z.B. im persischen Dualismus begegnende Gegenüberstellung zweier gleichstarker und gleichberechtigter metaphysischer Mächte ab. Es gibt keine zwei gleichrangigen Götter, die je das gute und das böse Weltprinzip verkörpern.

---

[1] KD III/ 2, § 50.
[2] K. Heim, Jesus der Weltvollender, Hamburg ^{3}1952.
[3] H. Haag, Abschied vom Teufel, Düsseldorf 2000.

4. Die ethische Verantwortung gegenüber dem Bösen

Wenn man mit der Bibel zunächst und vorrangig von der Wirklichkeit des Bösen als einer metaphysischen Macht ausgeht, stellt sich die Frage nach der sittlichen Verantwortung des Menschen in diesem Spannungsfeld transzendenter, d.h. jenseitiger Mächte. Kann der Mensch als schwaches Geschöpf angesichts der überwältigenden Gewalt satanischer Einflüsse überhaupt ethisch für sein Tun und Lassen zur Rechenschaft gezogen werden? Die Bibel bejaht diese grundlegende Frage eindeutig. Der furchtbare metaphysische Hintergrund des Bösen — in Gestalt der personalen Verführungsmacht Satans und seiner Dämonen — entlässt den Menschen keinesfalls aus der ethischen Verantwortung für sein Handeln. Gerade der Bericht vom Sündenfall macht deutlich, wie Gott den verführten Menschen nicht von seiner Verantwortung freispricht, sondern ihn zur Rechenschaft zieht (1Mo 3,9-14). Die teuflische Verführung entschuldigt die Sünde des Menschen nicht.

Der Mensch weiß vielmehr auf Grund des Gebotes in seinem Gewissen, das ihn von seiner Schuld überführt (Hebr 4,12), was gut und böse ist (1Mo 3,22). Sowohl das ins Herz geschriebene Gesetz des Gewissens (Röm 2,14-15) als auch das durch Offenbarung geschenkte Gebot Gottes stellt den Menschen in die sittliche Verantwortung vor dem Gott (Röm 2,11-13), der ihn richtet.

Damit ist theologisch nicht nur die jene Entschuldigung abgewiesen, die den menschlichen Ungehorsam mit dem Hinweis auf ihren metaphysischen, d.h. satanischen Ursprung begründet, sondern auch jeder Rechtfertigungsversuch, der das Böse als seinsmäßig unumgänglich im Sinne des ontologischen Dualismus beschreibt. Der ontologische Dualismus in der Tradition des philosophischen Idealismus seit Platon (427-347 v.Chr.), definiert die leiblich-materielle Seite des Seins als solche als böse, während er das geistig-seelische bzw. intelligible Sein als prinzipiell gut auffasst. Wenn diese philosophische Position des ontologischen Dualismus recht hätte und Leiblichkeit an sich das Prinzip des Bösen verkörpern würde, dann wäre der leiblich geschaffene Mensch nicht wegen seiner aktiven Tat der Rebellion gegen Gott,

sondern bereits als Geschöpf von vornherein und unausweichlich sündig.[4]
Der platonische Leib-Seele-Dualismus verkennt jedoch, dass Leib, Seele und Geist gleichermaßen ursprünglich „sehr gut“ geschaffen sind (1Mo 1,31) sind, und dass das Böse eine Folge der menschlichen Sünde in der Welt darstellt (Röm 5,12). Das Böse muss nach biblischem Verständnis strikt und primär auf die sittliche Eigenverantwortung des Menschen vor Gott bezogen werden und darf nicht als Folge eines der Schöpfung impliziten Mangels entschuldigt werden.

5. Die anthropologisch relevante Unterscheidung der Radikalität und Relativität des Bösen

Fraglos offenbart die Heilige Schrift in einer sehr radikalen Weise die Verfallenheit des Menschen an die Sünde, die in der grundlegenden Auflehnung des ersten Menschen ihren Anfang nimmt. Aber sind damit im Blick auf die praktische Lebensgestaltung bzw. die ethischen Entscheidungen des einzelnen Menschen „alle Katzen grau“? Gibt es für den christlichen Glauben keine Unterschiede mehr im Blick auf das Gewicht einzelner guter oder böser Taten?
Die Bibel betont beide Aspekte ohne sie in ihrer Bedeutung zu vermischen. Die auf den schuldig gewordenen Menschen bezogene ethische Unterscheidung von gut und böse muss anthropologisch sowohl in ihrer Radikalität wie auch in ihrer Relativität betont werden. Vor Gott ist der Mensch als ganzer und in allen seinen Bezügen radikal der Macht der Sünde, d.h. dem Bösen, verfallen, aus dem er sich nicht durch eigene Kraft befreien kann (Röm 7,14-25). Diese Verfallenheit betrifft ihn in seiner Individualität nach Geist, Seele und Leib wie auch in seiner Gemeinschaftsfähigkeit. Mit dieser theologischen Feststellung wird jeder Optimismus im Blick auf den „guten Menschen“ wie er weithin in der philosophischen Anthropologie (Lehre vom Menschen) und im Kontext verschiedener religiöser Wege der Selbsterlösung beschrieben wird, zurückgewiesen.
Das Böse darf deshalb auch nicht als ein notwendiges Moment im Prozess der Selbstvergottung des Seins (Theogonie) wie z.B. bei den

[4] Diese ontologische Aufteilung des Guten und Bösen bestimmt auch wesentlich die asiatischen Hochreligionen des Hinduismus und Buddhismus.

Philosophen Friedrich Wilhelm Schelling (1775-1854) und Franz Baader (1765-1841) verstanden werden. Schelling und Baader gingen davon aus, dass der Mensch kraft seiner Erkenntnisfähigkeit in der göttlichen Vernunft unmittelbar mitwirkt und schließlich als Mitwisser Gottes auch am göttlichen Sein Anteil hat. Als Konsequenz aus diesem Ansatz der Theogonie (d.h. Gottwerdung des Menschen) folgt, dass das Böse, das im Kontext menschlichen Seins und Bewusstseins begegnet, dann nur ein notwendiges Durchgangsstadium in diesem Prozess der Theogonie ist. Georg Wilhelm Friedrich Hegel (1770-1831) erweiterte dieses Verständnis des Bösen als dialektisches Übergangsstadium in den universalen Horizont der Geschichte; also nicht nur eine Theogonie des intelligiblen (vernunftbegabten) Individuums, sondern der Prozess der geschichtlichen Wirklichkeit beschreibt als solcher eine Vergottung. Hegel ging nämlich davon aus, dass sich die Geschichte als dialektischer Prozess von These, Antithese und Synthese bewegt. In diesem Sinne spielt dann das Böse lediglich die vorübergehende Rolle der Antithese, die nur dazu dient, die Gesamtentwicklung zum Guten hinzulenken; d.h. das Gute bedarf letztlich des Bösen, um Wirklichkeit werden zu können. Martin Heidegger (1889-1976) geht als maßgeblicher Vertreter der Existenzphilosophie auf eine Analyse des menschlichen Daseins zurück, in der das Böse als metaphysisches Nichts gegenüber dem Sein letztlich ebenfalls verharmlost und somit entschuldigt wird. Konkret bedeutet dies, dass das Böse im Vergleich zum Dasein des Menschen und dem Sosein der Welt keine eigene Wirklichkeit weder diesseits noch jenseits unserer Erfahrung hat. In diesem Sinne wird das Böse nicht als eigenständige aktive Macht aufgefasst, wie dies in der Bibel geschieht, sondern lediglich als Mangel am Guten, also als sogenannte *privatio boni* d.h. wörtlich als „Beraubung des Guten". Das bedeutet: es gibt im Grunde nur die Unterscheidung zwischen dem Guten in seiner Fülle oder aber dem Guten, das mangelhaft ist. Letzteres wird dann auch mit dem Begriff „das Böse" beschrieben. Das Böse ist also das defizitär Gute.

Ungeachtet der oben dargestellten unaufhebbaren und grundlegenden Schuldverflochtenheit des Menschen in das radikal Böse, differenziert die theologische Anthropologie jedoch gerade wegen der nach dem Sündenfall fortbestehenden individuellen Verantwortung des Menschen durchaus zwischen ethisch guten und bösen Taten bzw. Verhaltensweisen. Die Zehn Gebote (Dekalog), die Bergpredigt und die apostolischen Ermahnungen (Paränesen) des Neuen Testaments sprechen beispielsweise in je unterschiedlichem Kontext Menschen auf ihre sittliche Verantwortung vor Gott und füreinander an, indem sie zeigen, wie das Böse in konkreten Situationen zu vermeiden ist bzw. durch das Tun des Guten überwunden werden kann. In der Gestaltung des Lebens und im Vollzug des Glaubensgehorsams treten also durchaus praxisrelevante Unterschiede von gut und böse zu Tage, die auch in Gottes Gericht ein je unterschiedliches Urteil finden. Dies wird exemplarisch an dem Völkergericht gegenüber den Ungläubigen, die Christus nicht gekannt haben (Mt 25,31-46), und an dem Preisgericht, das Christus an den Gläubigen vollzieht (1Kor 3,11-15), deutlich.

6. Das Böse und das Übel

Mit der Bibel ist theologisch strikt zwischen dem Bösen als ethischer Realität und dem Übel, d.h. den vorfindlichen Missständen in der Welt, zu unterscheiden. Das Übel bezeichnet die Folgeerscheinungen der Sünde in Gestalt von Krankheit, Leid, Tod, sozialem Unrecht, politischer Unterdrückung etc. Das Übel ist als die sichtbare Wirkung der unsichtbaren, ethischen Wirksamkeit der Sünde zu betrachten, d.h. das Übel bzw. das ontologisch Böse wurzelt in der Sünde als dem ethisch Bösen. Das Ereignis der Sünde äußert sich demnach in geschichtlichen Konkretionen physischer Übel in der Welt und der Menschheitsgeschichte. Mit Paulus gesprochen bedeutet dies schlicht und einfach: *„Der Tod ist der Sünde Sold“* (Röm 6,23). Dieser Vorgang — und das ist von grundlegender Bedeutung — ist nicht umkehrbar. Konkret: Ohne die Sünde gäbe es weder den Tod noch das Übel als Signatur der gefallenen Schöpfung. Das bedeutet nun aber, dass durch die Beseitigung einzelner medizinischer, sozialer, politischer oder ökologischer Mängel bzw. Missstände das Übel als solches nicht grundlegend aus der Welt geschafft werden kann. Hier liegt die verhängnisvolle Illusion, wie sie z.B. in den Konzeptionen von Karl Marx (1818-1883) und Sigmund Freud (1856-1939) begegnen. Während Marx in seinem sogenannten wissenschaftlichen Materialismus davon ausging, die Wurzel des Übels sei wirtschaftspolitisch durch Revolutionen zu überwinden, vertrat Freud die Auffassung, dass sich das Übel durch tiefenpsychologische Analyse therapieren ließe. Aber sowohl der revolutionäre als auch der therapeutische Ansatz gehen an der eigentlichen Wurzel des Übels, der Sünde, vorbei. Wegen der Radikalität des im Herzen, d.h. dem Personzentrum des Menschen, wur-

zelnden Bösen (1Mo 6,5 und 8,21), können soziale und psychologische Analysen und Verbesserungen nur partiell die Symptome des ontologisch Bösen bzw. des Übels lindern, dieses aber nicht beseitigen.
In diesem Zusammenhang ist allerdings eine konsequente Folgerung aus der ethischen Diskussion zur Unterscheidung des radikal Bösen und des relativ Bösen bzw. Guten zu ziehen. Die Tatsache, dass aus christlicher Sicht das Übel der Welt nicht aus den innerweltlichen dem Menschen verfügbaren Möglichkeiten heraus beseitigt werden kann, bedeutet keineswegs, dass der Mensch im Blick auf die relative Verbesserung der Situation nichts tun könne. Ganz im Gegenteil: der christliche Glaube motiviert zum Tun des realistisch Möglichen, zu kreativen Leistungen im sozialen, politischen und kulturellen Bereich. Auch im Blick auf das Übel sind „nicht alle Katzen grau“, sondern positive Anstrengungen zur partiellen Überwindung gefordert. Alle Bemühungen um eine sozial gerechte Gesellschaft, politische Stabilität, die Freiheit des einzelnen, die Heilung von Krankheiten, die Gestaltung humaner zwischenmenschlicher Beziehungen, die Entwicklung von Kunst und Wissenschaft etc. sind in sich hohe Werte. Sie behalten ihren Wert im Blick auf die Steigerung der Lebensqualität und die Verwirklichung menschenwürdiger Verhältnisse solange und soweit deutlich bleibt, dass es sich dabei nur um vorläufige Verbesserung und nicht um die endgültige „Herstellung“ des Reiches Gottes handelt. Denn letzteres kann nur von Gott selbst als Vollendung der Schöpfung kommen.

7. Die Lösung des Theodizeeproblems und die Überwindung des Bösen

Man kann das Problem der Theodizee, also die Frage nach der Rechtfertigung Gottes angesichts der Übel in der Welt, in unterschiedlichen Zuspitzungen formulieren: „Wie kann ein guter und gerechter Gott das Leid in der Welt zulassen?”, oder anders ausgedrückt: „Warum geht es bösen Menschen gut?” Der entscheidende Punkt liegt jeweils in dem empirisch offensichtlichen Missverhältnis von Moralität einerseits und der Erfahrung von Glück bzw. Unglück andererseits.
Das Theodizeeproblem entzündet sich wie ein schweres Gewitter an dem immer neuen Zusammenprall menschlicher Sehnsucht nach Glück und der Realität des Bösen bzw. der Übel in der Welt. Es arti-

kuliert sich ganz elementar im Aufschrei des Menschen vor Gott, ja mitunter sogar gegen Gott.
Die klassische Ausgangsposition für die Theodizeefrage im Alten Testament lautet: „Warum muss der Gerechte leiden?“ Diese Frage wird durch die absolute Radikalisierung der Sünde im Neuen Testament in ein völlig neues Licht gerückt. Denn unter den Menschen gibt es keinen absolut Gerechten, der unschuldig leiden müsste. Einzig bedeutsam für Zeit und Ewigkeit ist das Christusheil, das dem Sünder als freie Gnade durch die Verkündigung des Evangeliums angeboten wird. Aus dieser Perspektive ist die Forderung der Theodizee, d.h. der Rechtfertigung Gottes vor dem Tribunal des Menschen in sich eine Manifestation der Sünde. Denn der Sünder kann Gott gegenüber keine Rechtsansprüche erheben, sondern ist ausschließlich auf göttliche Begnadigung und Rechtfertigung angewiesen. In dem neutestamentlichen Bußruf geht es deshalb nicht zuletzt um die Abkehr von der Theodizeeproblematik hin zur Rechtfertigung des Sünders vor Gott.
Die Überwindung des Unheils und damit die Bewältigung des Theodizeeproblems kann deshalb nicht am Menschenrecht auf Glück ansetzen, sie muss vielmehr die eigentliche Ursache des Schadens beheben, nämlich die prinzipielle Versuchlichkeit und faktische Sünde des Menschen. Alle Heilung äußerer Schäden und Behinderungen menschlicher Existenz — etwa durch besondere göttliche Wundertaten — können nur zeichenhafte und temporäre Bedeutung haben gegenüber der grundlegenden Wiederherstellung des Gottesverhältnisses. Aufschlussreich ist in diesem Zusammenhang die Schilderung der Heilung des sogenannten Gichtbrüchigen in Markus 2,1-12. Die Erwartungen des Kranken sowie seiner vier Freunde und aller Anwesenden richten sich gespannt auf den Wunderheiler aus Nazareth. Aber statt das lösende Wort: *„Nimm dein Bett und gehe!”* zu sprechen, sagt Jesus zunächst: *„Mein Sohn, deine Sünden sind dir vergeben”* (V.6). Die Prioritäten Jesu sind offensichtlich ganz anders als der Erwartungshorizont seiner Hörer. Zuerst muss das Grundübel der Sünde beseitigt werden, erst dann macht die Heilung der leiblichen Behinderung überhaupt Sinn. In dieser Evangeliengeschichte wird also ebenso die Umkehrung der Theodizeefrage in die Frage der Rechtfertigung vor Gott durch die Vergebung der Sünden betont. Die Lösung der „Schuldfrage” wird der der „Machtfrage” eindeutig vorgeordnet, wie

Karl Heim dies in seinem theologischen Entwurf *Jesus der Weltvollender*[5] knapp auf den Begriff brachte.
Und dennoch nimmt die Bibel den Schrei des leidenden Menschen auf und ernst. Sie eröffnet dem vor Gott klagenden Menschen weiten Raum. Die Anfechtung wird nicht verdrängt, die Klage nicht verboten, der Zweifel nicht unterdrückt. Der Glaubende wird vielmehr eingeladen, sein Herz vor Gott auszuschütten.
Kaum irgendwo anders in der alttestamentlichen Geschichte erhebt sich die drohende Gewitterwand des Theodizeeproblems schwärzer und wuchtiger als in der Aufforderung Gottes an den Patriarchen des Glaubens, nämlich an Abraham: *„Nimm Isaak, deinen einzigen Sohn, den du lieb hast, und geh hin in das Land Morija und opfere ihn dort zum Brandopfer auf einem Berge, den ich dir sagen werde"* (1Mo 22,2). Hier steht das Wort der Verheißung Gottes über Isaak gegen das Gebot Gottes zur Opferung Isaaks — und zwar als ein rational nicht auflösbares Geheimnis, das so abgründig ist wie die Theodizeeproblematik. Dieses Geheimnis ist hier unmittelbarster Ausdruck für das Theodizeeproblem. Am Ende löst Gott selbst den Konflikt mit der Zusage: *„Weil du solches getan hast und hast deines einzigen Sohnes nicht verschont, will ich dein Geschlecht segnen und mehren"* (1Mo 22,16f).
Eben diese Verschonung des einzigen und geliebten Sohnes greift Paulus in seiner theologischen Zusammenfassung des Christusheils auf: *„Gott, der seinen eigenen Sohn nicht verschont hat, sondern hat ihn für uns alle dahingegeben - wie sollte er uns mit ihm nicht alles schenken?"* (Röm 8,32). Gott bleibt als souveräner Schöpfer und Herr der Geschichte gegenüber der Welt und den Menschen nicht apathisch, er ist auch keine bloß transzendente Schicksalsmacht, der es sich zu unterwerfen gilt; er ist auch keine apersonale Sphäre allen Seins im Sinne des Pantheismus, in der sich das Individuum, Freude und Leid vergessend, auflöst, sondern er ist der liebende Vater, der sich im Sohn selbst opfert. Gott in Christus ist ein sympathischer, d.h. mitleidender Gott. Er trägt unsere Schmerzen, er erleidet unsere Krankheit und stirbt unseren Tod. In Christus bricht die Theodizeefrage zwischen Vater und Sohn als innerste Spannung in der Trinität selbst auf: *„Mein Gott, mein Gott, warum hast du mich verlassen?"* (Mk 15,34). In der Auferstehung des Gerechten, der an der Stelle des

---

5 K. Heim, Jesus der Weltvollender, Hamburg [3]1952, 35-52.

Sünders stirbt und den Gottlosen gerecht macht, wird dann die Theodizee endgültig zwischen Vater und Sohn vollzogen. Das ist die tiefste Antwort der Bibel im Blick auf die Überwindung des Bösen — sowohl in seiner Gestalt als Sünde wie auch in der des Übels.

Der Umgang mit dem Bösen im Bereich der „Charismatischen Bewegung“

von Dr. Eberhard Hahn

Im Rahmen der Charismatischen Bewegung machen immer wieder neue, Aufsehen erregende Entwicklungen von sich reden. Dies galt in der Vergangenheit z.B. für die „Power-Evangelisation“ mit Zeichen und Wundern, für den „Toronto-Segen“ u.a. Eine besondere Rolle bei diesen Phänomenen wie überhaupt in der charismatischen Frömmigkeit nimmt die Frontstellung gegen den Bereich des Bösen, Dämonischen und Satanischen ein. Im Blick auf den Umgang mit dem Bösen erlangte eine bestimmte Gebetsform, die Praxis des „geistlichen Kampfgebets“, besondere Bedeutung. Hierbei geht es darum, blockierende „Gebietsdämonen“ durch Identifizieren und Gebieten zu vertreiben, um dadurch Raum für die Verbreitung des Evangeliums zu schaffen. Ähnliches gilt für den Bereich der persönlichen Seelsorge: Durch das Aufspüren von dämonischen Beeinflussungen in der eigenen Biographie soll der Weg zu „befreiender Seelsorge“ erschlossen werden. Indem den bösen Mächten im Namen Jesu Christi geboten wird zu weichen, soll die Ursache für gesundheitliche Beeinträchtigungen, zwischenmenschliche Beziehungsstörungen oder Probleme des geistlichen Lebens behoben werden.

Im ersten Teil dieses Aufsatzes sollen daher Voraussetzungen und praktische Konsequenzen dieser neuartigen Form von Gebet dargestellt und gewürdigt werden. Angesichts dieser Praxis, die über die Charismatische Bewegung hinaus christliche Gemeinden beschäftigt, erwächst die Frage, woher diese Denkweise stamme. Lässt sich ein biblischer, theologischer oder geistesgeschichtlicher Hintergrund für dieses Verständnis der Wirklichkeit ausfindig machen?

Als Ansatz zur Beantwortung dieser Frage drängt sich ein anthropologisches Denkmodell auf, d.h. eine bestimmte Sicht des Menschen, die innerhalb der Geschichte der christlichen Kirche weite Verbreitung fand und aus der verschiedenartige Folgerungen abgeleitet werden können. Für viele Eigenheiten charismatischer Lehre und Praxis erweist sich dieses Menschenbild geradezu als Schlüssel. Daher sol-

len in einem zweiten Teil Grundlage und Wirkungen dieses Modells entfaltet werden.
Abschließend sollen Anfragen an diese Denkform genannt, sowie eine alternative Deutung des Menschen, bei der die neutestamentlichen Aussagen vor dem Hintergrund des Alten Testaments verstanden werden, skizziert werden. Daraus ergeben sich wiederum Konsequenzen für einen biblischen Umgang mit dem Bösen innerhalb der christlichen Gemeinde.

1. „Beten als Gebieten — Territoriale Geister"

Im Rahmen seiner Untersuchungen zum Gemeindewachstum entwickelte der amerikanische Theologe Peter Wagner „Strategien zur geistlichen Kampfführung", die er in mehreren Büchern ausführlich dargelegt hat.[1] Dabei steht die Annahme im Hintergrund, dass Orte und Regionen von verschiedenartigen Dämonen beherrscht werden, die diese vom Glauben an Jesus Christus abhalten. Indem diese Mächte identifiziert und dann vertrieben werden, kann das befreiende Evangelium in dieser Gegend Einzug halten, können Gemeinden entstehen und wachsen. Wagner entwickelt dabei folgendes Schema:[2]

1.1. Die drei Ebenen des geistlichen Kampfes

1. Die Ebene des geistlichen Nahkampfs: Hierbei handelt es sich um die Austreibung von Dämonen durch einzelne Zeugen Jesu, wie sie z.B. von den Missionsaufträgen der Jünger berichtet wird (vgl. Lk 10,17). Diese Form von Exorzismus begegnet im Bereich des Neuen Testaments am häufigsten und wird auch im Rahmen der christlichen Missionsgeschichte durchgehend berichtet. Derartige Dämonen haben einen begrenzten Wirkungsbereich und verursachen z.B. Kopfweh, Alkoholismus, die Zerstörung einer Ehe etc.

---

1 Vgl. P. Wagner, Warfare Prayer, Gospel Light Publications 1992; dt.: Das offensive Gebet, Wiesbaden 1992; wie auch: P. Wagner (Hg.), Territorial Spirits. Insights on Strategic-Level Spiritual Warfare from Nineteen Christian Leaders, Gospel Light Publications 1991; dt.: Territoriale Mächte. Ebenen der strategischen Kampfführung, Solingen o.J. Vgl. daneben Titel wie: Wrestling with Dark Angels: Toward a Deeper Understanding of the Supernatural Forces in Spiritual Warfare, 1990; Engaging the Enemy: How to Fight and Defeat Territorial Spirits, 1991; Confronting the Powers, 1997; Shaking the Heavens: A Guide to Doing Battle in the Heavenlies, 2000.

2 P. Wagner, Gebet, a.a.O., 11ff.

2. Die Ebene des Okkulten: Diese bezieht sich auf Personen wie Wahrsager, Hexen, Satanspriester, spiritistische Medien, Astrologen, New-Age-Mitglieder. Hier handelt es sich gewissermaßen um „stärkere“ Dämonen, die größeres Unheil verursachen.[3]
3. Die Ebene des strategischen, geistlichen Kampfes: Hier handelt es sich um eine „noch höhere Ebene mit einer noch unheilvolleren Ansammlung dämonischer Macht“.[4] Diese bezieht sich auf die Beherrschung von „Territorien“. Wagner leitet die Annahme solcher Mächte aus Eph 6,12 ab: *„Wir haben nicht mit Fleisch und Blut zu kämpfen, sondern mit Mächtigen und Gewaltigen, nämlich mit den Herren der Welt, die in dieser Finsternis herrschen, mit den bösen Geistern unter dem Himmel“*.[5] Daneben waren es zwei Romane von Frank E. Peretti[6], die dieses Interesse an der strategischen geistlichen Kampfführung auslösten.

Beim offensiven Kampfgebet auf der Basis von Eph 6,12 wird davon ausgegangen, dass dieser Kampf nicht mit *„Fleisch und Blut“* zu führen ist, sondern mit folgenden Abstufungen dämonischer Macht zu rechnen hat: (1) Fürsten, (2) Gewalten, (3) Beherrscher dieser finsteren Welt, (4) böse Geister des himmlischen Bereichs. Nach Wagner beschreiben die verschiedenen Begriffe unterschiedliche Arten von dämonischen Wesen, deren Aufgabe darin besteht, die *„Anschläge des Teufels“* (Eph 6,11) auszuführen[7].

Zunächst sei es daher wichtig, unsere Städte so zu sehen, wie sie in der geistlichen Wirklichkeit beschaffen seien. Um dies zu bewerkstelligen, werden „geistliche Landkarten“ erstellt, auf denen die jeweils wirkenden geistlichen Kräfte benannt werden.[8] Daran schließen sich die Aufgaben „Identifizieren“, „Binden/Besiegen/Vertreiben“

---

[3] Als neutestamentliches Beispiel dafür führt P. Wagner Apg 16,16-24 an: Als Paulus aus der wahrsagenden Magd den Dämon austrieb, entstand in Philippi eine politische Unruhe.

[4] A.a.O., 13.

[5] Einen derartigen „strategischen Kampf“ findet P. Wagner in Offb 12,7: *„Es entbrannte ein Kampf im Himmel: Michael und seine Engel kämpften gegen den Drachen. Und der Drache kämpfte und seine Engel“*.

[6] Die Finsternis dieser Welt, Wiesbaden 1990; Licht in der Finsternis, Wiesbaden 1991.

[7] Vgl. P. Wagner, Gebet, a.a.O., 49.

[8] Nach George Otis erfolgt dies in den Schritten „Naming the Powers, Unmasking the Powers, Engaging the Powers“ (vgl. P. Wagner, Gebet, a.a.O., 50).

(mit Kampfgebet), „Geistlich in Besitz Nehmen/Erobern" an.[9] Dabei ist dieses Verfahren nicht nur auf Städte und Regionen anzuwenden, sondern kann auch im Privatbereich praktiziert werden.[10]

1.2. Die konkreten Formen des Kampfes

Da der Teufel für jede Nation eine besondere Strategie benutzt, um dieses Volk zu knechten, ist eine spezielle Fürbittestrategie nötig, um den geistlichen Kampf erfolgreich auszuführen. Dabei werden „Festungen aufgelistet", durch die die teuflische Macht besonders wirksam wird; dann erfolgt stellvertretende Buße und Bitte um Sündenvergebung für eine ganze Nation.[11]

---

9 Als Beispiele für solche Geister nennt P. Wagner neben Daniel 10 vor allem Apg 19: Ephesus sei im Römischen Reich als Zentrum magischer Mächte bekannt gewesen. „Als Paulus nach Eph ging, muß er etwas von dem heftigen geistlichen Kampf mit hochrangigen Mächten gewußt haben, der ihn dort erwarten würde." „Die Fürsten über dem Gebiet von Ephesus wurden durch den Dienst des Paulus so sehr geschwächt, daß sich das Evangelium mit großer Geschwindigkeit ausbreiten konnte. Dahinter liegt ein Angriff auf den bekannten territorialen Geist, Artemis von Ephesus." (P. Wagner, Gebet, a.a.O., 53.54; vgl. auch 74).

10 Von einem Beispiel von „Kampfgebet" in seinem eigenen Haus berichtet er a.a.O., 62: „Cathy Schaller und George Schart sind Freunde von uns ... Sie beteten inbrünstig für Doris [P. Wagners Frau] und mich, und der Geist Gottes führte sie dazu, in unser Haus zu gehen und dort Kampfgebet zu praktizieren. Als wir eines nachmittags [sic] am Fuller Seminary zu tun hatten, gaben wir ihnen unseren Hausschlüssel. Sobald sie aus ihrem Auto gestiegen waren, wußten sie, daß sie sich in einem Kampf befanden, denn eine unsichtbare Macht versuchte sie physisch von dem Hof fernzuhalten, der vor unserer Haustüre liegt! Daraufhin entschlossen sie sich, in die Garage zu gehen, in der sie einige böse Geister ausmachen konnten. Einer war sogar so stark, daß Cathy ihn wirklich riechen konnte. Nachdem sie diese Geister vertrieben hatten, konnten sie ohne weiteres den Innenhof betreten und in unser Haus gelangen. Sie konnten in drei von unseren Zimmern Geister ausmachen. Der stärkste unter ihnen war in unserem Schlafzimmer. In unserem Wohnzimmer spürten sie, daß sich ein Geist an einem Steinpuma festgemacht hatte, den wir aus Bolivien als Andenken an unsere Zeit als Missionare mitgebracht hatten. Sobald wir wieder daheim waren, zerstörten wir den Puma sowie ein paar animistische Zeremoniemasken [sic], die wir in unserer Dummheit an unsere Wohnzimmerwände gehängt hatten. Als die Fürbittegruppe das nächste Mal zusammenkam, spürten alle, daß sich die Atmosphäre verändert hatte und daß das Haus jetzt geistlich sauber war."

11 Vgl. P. Wagner, a.a.O., 99ff. Als Beispiel wird Japan genannt, wo der Amerikaner P. Wagner Buße für den Einsatz der Atombombe tat, „um die Greueltaten von Hiroshima und Nagasaki *rückgängig* zu machen" (so die Formulierung im Rahmen eines „prophetischen Gebets"; a.a.O., 104). Dadurch wird er „im Geist *wie eine Atombombe* gebraucht", um die herrschende Finsternis zu brechen (a.a.O., 105; Hervorhebungen E.H; vgl. dazu auch unten Teil 2). P. Wagner ist der Ansicht, „daß

Eine besondere Rolle spielt dabei die Benennung und Lokalisierung von Mächten: Indem der Name bekannt wird (dabei kann es sich z.B. um wirkliche Namen wie die der indischen Götter Kali oder Gana handeln; denkbar sind daneben auch „funktionale“ Namen wie „Geist der Gewalt“, „Geist der Hexerei“, „falscher Prophet“ oder auch – etwa im Fall von New York – „Geist des Mammon“[12]), kann mit ihnen umgegangen werden. Dabei werden die Dämonen provoziert. Der Kämpfer versucht, mit ihnen zu sprechen, um ihre Wirkweise zu erfahren.[13] Wenn bereits größere Erfahrung vorliegt, können Dämonen gebunden werden, ohne dass sie sprechen dürfen. Diese „ruhige Form“ scheint z.T. noch „erfolgreicher“ zu sein. Je genauer man den Geist kennt, umso gezielter kann man gegen ihn beten.

Die Ausbildung für die strategische Kampfführung umfasst in Anlehnung an Eph 6,13ff und Jak 4,7f Beten und Fasten, die persönliche Heiligung, die Inanspruchnahme der Waffenrüstung des Geistes; diese wird nicht allein zum Schutz, sondern auch zum Kampf gegen den Teufel verliehen (so ist etwa das Stehen in Eph 6,14 nicht statisch,

---

in Tokio irgend etwas in den himmlischen Regionen geschah. ... Ich bin mir sicher, daß die Mächte über Japan einen schweren Rückschlag hinnehmen mußten.“ (a.a.O., 108).

12 P. Wagner, a.a.O., 115.

13 P. Wagner beschreibt dies am Beispiel des argentinischen Evangelisten Carlos Annacondia; er ist vermutlich „der effektivste Evangelist, der je gelebt hat“ (a.a.O., 20). Sein Dienst ist ein Instrument, das die Wachstumsrate der beteiligten Gemeinden in die Höhe schnellen lässt. „Ich habe noch nie einen Evangelisten erlebt, der auf der Bühne den bösen Geistern auch nur annähernd so aggressiv entgegentritt wie Annacondia. Im Grunde genommen stichelt er die Geister durch seine langandauernde, laute und überaus energische Kampfansage so lange, bis sie sich auf die eine oder andere Weise manifestieren und zu erkennen geben. Das, was sich während seiner Großveranstaltungen auf den Plätzen abspielt, erscheint dem Uneingeweihten als Chaos in Reinkultur. Aber für die geübten und erfahrenen Mitglieder, die zu den 31 Teams gehören, mit denen Annacondia die Großveranstaltungen durchführt, ist es nur ein weiterer Abend, an dem an der Front Kampfgebet durchgeführt wird, durch das die Macht Jesu Christi über die dämonischen Mächte für alle sichtbar wird. — Und die Macht ist unglaublich. Es geschehen viele Heilungen, die nur als Wunder interpretiert werden können. Es geschehen zum Beispiel so viele zahnmedizinische Wunder — Zahnlöcher füllen sich, neue Zähne wachsen nach und kaputte Brücken werden durch ganze Zähne ersetzt —, daß nur noch diejenigen auf der Bühne von ihrer Heilung Zeugnis geben dürfen, bei denen sich mehr als zwei Zahnlöcher wieder geschlossen haben. Es wird von einem Zwergwüchsigen berichtet, der um 38 Zentimeter gewachsen ist. ...“ (a.a.O., 21). Vgl. dazu auch im Themenheft „Geistlicher Kampf“ der Zeitschrift „Gemeindewachstum“ Nr. 42 (3/1990, 18f) den „Praxisbericht“ von Reiner Ewers.

sondern als „offensives Stehen“ zu begreifen[14]). Wagner nennt sechs Grundsätze zur Einnahme einer Stadt:[15] Zunächst ist ein überschaubares Gebiet auszuwählen. Sodann gilt es, die Einheit unter den Leitungspersönlichkeiten herzustellen und das Projekt als Aufgabe des gesamten Leibes Christi zu propagieren. Neben der geistlichen Vorbereitung der Mitarbeiter ist die Geschichte des jeweiligen Gebietes mit den dahinterstehenden geistlichen Mächten zu erforschen. Schließlich treten die „Fürbitter“ zusammen, um von Gott eine Offenbarung zu erbitten, durch die folgende Fragen geklärt werden können: „(a) Worin die erlösenden Gaben für die Stadt bestehen, (b) welches die Festungen sind, die Satan in der Stadt hat, (c) welche territorialen Mächte für diese Stadt zuständig sind, (d) mit welchen Sünden aus der Vergangenheit und der Gegenwart umgegangen werden muß, (e) Gottes Schlachtplan und den von ihm bestimmten Zeitpunkt.“[16]

1.3. Hinweise zur Beurteilung

1. Die hier vorgetragene Form des Gebets weist auf einen wichtigen Sachverhalt hin: Die Macht des Teufels ist keine Einbildung; das Böse ist kein Gegenstand von Märchen.
Allerdings ist dies keine neue Erkenntnis, sondern eine aus dem Alten und Neuen Testament bezeugte Wirklichkeit, die durch vielfältige Erfahrungen der Kirchen- und Missionsgeschichte bestätigt wurde und wird. Daher ist es wichtig, einer sogenannten „aufgeklärten“ Denkweise endgültig den Abschied zu geben, die solche Ausdrucksformen des Bösen als Hirngespinste erklärt. Es gilt vielmehr, nüchtern mit solchen Erscheinungen zu rechnen.
2. Allerdings ist dem Neuen Testament ein Gebetskrieg gegen „Territorialgeister“ fremd. Befreiung von Bindungen jeder Art erfolgt ausschließlich durch Jesus Christus. Aus diesem Grund ist die Beichte von fundamentaler Bedeutung: Belastende Ereignisse der Vergangenheit werden dabei als persönliche Sünde genannt und bekannt. Die Befreiung und Vergebung Gottes wird im Namen Jesu Christi persönlich zugesprochen. Hier wird Sündenvergebung konkret auf das Leben des einzelnen Menschen bezogen. Allerdings ist auch damit zu

---

14 Vgl. P. Wagner, Gebet, a.a.O., 95.
15 A.a.O., 126ff.
16 A.a.O., 135.

rechnen, dass ein längeres Ringen um Befreiung von solchen Bindungen nötig sein kann.

3. Eindeutig irreführend ist der „strategische“ Aspekt an Wagners Denken, und es stellt geradezu eine Verharmlosung des teuflischen Treibens dar, wenn in dieser Weise damit umgegangen wird. Selbst wenn bei dieser „Strategie“ Beten und Fasten vorausgehen, so sind die Umtriebe des Bösen nicht einfach durch die Frage zu entlarven: „Wer bist du?“, dem dann ein gebietendes „Fahre aus!“ folgt, worauf schließlich der Frieden einzieht.

Daran schließt sich die Frage an: Wenn eine Stadt angeblich von einem Hauptdämon befreit wurde, bedeutet dies dann, dass er nicht wieder zurückkommen wird? Kann somit an dieser Stelle auf der „geistlichen Landkarte“ nun ein weißer Fleck (oder gar ein goldenes Kreuz) eingezeichnet werden?

Demgegenüber muss festgehalten werden: Die besondere Macht des Teufels besteht darin, dass er sich als einen „Engel des Lichts“ ausgibt, sich fromm darstellt, mit vielen Bibelstellen schmückt, elegant und einleuchtend argumentiert (vgl. Mt 4). Er ist gerade nicht der plumpe Poltergeist, den man an gelben Augen und Schwefelgeruch leicht erkennen könnte. Daher wird er nicht ein für allemal vertrieben, sondern sucht die Gemeinde Jesu Christi Tag für Tag zu verführen.

In diesem Zusammenhang ist an 2Kor 12,7 zu erinnern: Paulus bekennt in aller Offenheit, dass ihn der Engel des Satans mit Fäusten schlägt. Ebenso spricht er in 1Thess 2,18 davon, dass ihn der Satan gehindert habe nach Thessalonich zu kommen. Hier ist keine Rede davon, dass mit offensivem Kampfgebet dem Evangelium der Weg hätte bereitet werden können.

Weil wir auch als Nachfolger Jesu Christi dem Teufel niemals gewachsen sind, darum ist die Waffenrüstung des Geistes eine Verteidigungsrüstung. Wir siegen nicht deshalb, weil wir zuschlagen oder offensiv beten würden. Vielmehr siegen wir deshalb, weil wir in den Mantel der Gerechtigkeit Christi eingehüllt werden. Wir werden also niemals *wie* Jesus kämpfen; sondern er wird für uns streiten. Die einzige Angriffswaffe besteht im Wort Gottes (vgl. Mt 4,4.7.10: *„Es steht geschrieben“*; Eph 6,17). Auch an dieser Stelle steht demnach nicht unser Tun im Vordergrund, sondern vielmehr unsere Berufung auf das, was der dreieinige Gott verheißen hat.

4. Die Gefahr einer derart intensiven Beschäftigung mit den Dämonen liegt schließlich darin, dass sich der Christ in völlig unangemessener Weise zum Bereich des Dämonischen verhält. Beinahe notgedrungen wird jeder Kopfschmerz, jedes Missgeschick auf die Einwirkung von Dämonen zurückgeführt und mit dem Versuch verbunden werden, diese zu binden. Damit aber würde der Umgang mit dem Dämonischen zu einer „Alltagsbeschäftigung" des Christen werden. Die Aufgabe der Gemeinde Jesu Christi ist demgegenüber die Beschäftigung mit dem Wort ihres Herrn. Dieses haben sie als „Wort vom Kreuz" und damit als die Befreiung von Sünde, Tod, Teufel und Hölle zu bezeugen.

2. Trichotomische Anthropologie: Die Aufteilung des Menschen in Geist, Seele und Leib

Die skizzierte Praxis einer „strategischen Kampfführung gegen territoriale Geistesmächte" wirft die Frage auf, wie es zu dieser starken Gewichtung des Themas „Geist" kommt und in welchem Zusammenhang die vorrangige Beschäftigung mit dem Bereich des Geistes zu deuten ist. Auf der Suche nach einer Antwort begegnet immer wieder eine bestimmte Sichtweise des Menschen, in der der Geist ebenfalls die dominante Rolle spielt. Dabei handelt es sich um die sogenannte „trichotomische Anthropologie", d.h. um eine Deutung des Menschen, nach der dieser streng in die drei Bestandteile Geist - Seele - Leib unterteilt wird. Den Hintergrund dafür bilden Bibelstellen wie 1Thess 5,23 (*„Er aber, der Gott des Friedens, heilige euch durch und durch und bewahre euren Geist samt Seele und Leib unversehrt, untadelig für die Ankunft unseres Herrn Jesus Christus"*) und Hebr 4,12 (*„Das Wort Gottes ist lebendig und schärfer als jedes zweischneidige Schwert, und dringt durch, bis es scheidet Seele und Geist, auch Mark und Bein, und ist ein Richter der Gedanken und Sinne des Herzens"*). Das Modell der Dreiteilung des Menschen ist in der christlichen Tradition weit verbreitet und führte in verschiedenen Bewegungen (z.B. in Pietismus oder Heiligungsbewegung) zu unterschiedlichen Konsequenzen. Eine Schlüsselrolle für die Neubelebung dieser trichotomischen Anthropologie spielte in den vergangenen Jahrzehnten auch das dreibändige Werk „Der geistliche Christ" von Watchman Nee. Daher soll der Zusammenhang anhand dieses Buches erläutert werden. Zu

beachten ist freilich, dass Nee damit die Basis für die Heiligung des Christen erläutern wollte, während im Rahmen der Charismatischen Bewegung von derselben Grundlage aus Folgerungen für spezifische Wirkweisen des göttlichen Geistes im Menschen gezogen wurden.[17]
Ausgangspunkt ist die bereits erwähnte Aufteilung des Menschen in die Bestandteile „Geist“, „Seele“ und „Leib“, denen jeweils unterschiedliche Aktionsbereiche zugewiesen werden. Diese Dreiheit wird z.T. damit begründet, dass der Mensch Gottes Ebenbild ist: Wie Gott, so ist auch dieser eine „Trinität“ aus Geist, Seele und Leib[18].
Im Anschluss an 1Mo 2,7 wird die Erschaffung des Menschen folgendermaßen gedeutet: Gottes Geist „trifft“ auf den materiellen Leib; dadurch entsteht die Seele, die die göttlichen und materiellen Elemente einigt, an beiden Anteil und auf beide Einfluss hat. Die Seele bildet damit den Angelpunkt des menschlichen Seins und als Sitz von Verstand, Wille und Gefühl die freie und unabhängige „Schaltzentrale“ des Menschen.[19]
Der menschliche Geist besitzt als Hauptfunktionen das Gewissen, die Intuition (die *unmittelbares* Erkennen/Wissen ermöglicht, während dem Verstand nur ein abgeleitetes Wissen zukommt) und die Kommunion, d.h. Gemeinschaftsfähigkeit[20]. Als das edelste der drei Elemente verbindet er uns mit Gott, während der Leib als das niedrigste

---

17 Watchman Nee [1903-1972], „The Spiritual Man“ (chin. 1927/28; engl. 1968; dt.: „Der geistliche Christ“, Heerbrugg 1975/76) wollte in seinem Werk vielfältige Einflüsse aus der christlichen Tradition miteinander verbinden. Im Vorwort nennt er neben Madame Guyon als Vertreterin der quietistischen Mystik Personen aus dem Bereich der Heiligungsbewegung: Andrew Murray, F.B. Meyer, Otto Stockmayer, Jessie Penn-Lewis, Evan Roberts; vgl. dazu: E. Hahn, Wo ist Kirche Jesu Christi? Theologische Beurteilung kirchlicher Trennungen anhand von Fallbeispielen, Wuppertal 1988, 116ff. Zu beachten sind auch Werke wie Essek William Kenyon (1867-1948), „The Hidden Man: An Unveiling of the Subconscious Mind“, Kenyon's Gospel Publishing Society, Lynnwood [15]1981; D. & R. Bennet, „Die Trinität des Menschen“, Erzhausen 1980.

18 Vgl. z.B. den genannten Titel von D. & R. Bennet: Die Trinität des Menschen.

19 „Wenn des Menschen Seele geneigt ist, Gott zu gehorchen, dann wird sie dem Geist erlauben, über den Menschen zu herrschen, wie Gottes Ordnung es vorsah. Die Seele kann aber, wenn sie dies will, auch den Geist unterdrücken und einen anderen Herrn über den Menschen herrschen lassen.“ (W. Nee, Christ I, a.a.O., 26).

20 „Gott wird nicht durch unsere Gedanken, Gefühle oder unsern Willen erfaßt, denn wir können ihn nur *unmittelbar* in unserem Geist erkennen. Unsere Anbetung Gottes und die uns von Gott zukommenden Mitteilungen geschehen beide unmittelbar im Geist. Sie spielen sich im 'inneren Menschen' ab, nicht in der Seele und im äußeren Menschen.“ (W. Nee, Christ I, 33).

Element uns mit der Materie verbindet. Da der Geist nicht direkt auf den Leib einwirken kann, kommt der Stellung der Seele hervorragende Bedeutung zu.

Der Fall des Menschen wird in der Weise vorgestellt, dass sich der Mensch durch die Verführung Satans Zug um Zug in dessen Gewalt begibt. Während Satan dabei von außen nach innen wirkt, setzt Gottes Wirken beim menschlichen Geist an und will sich nach außen erweitern.

Die Erlösung des Menschen ist dadurch umfassend wirksam, dass Jesus an Leib, Seele und Geist gelitten und damit die menschliche Sünde in jeder Beziehung gerichtet hat.

Durch den Glauben an Jesu stellvertretenden Tod wird der Christ mit Jesus vereinigt, vollzieht daher dessen Sterben nach und „ist seiner Stellung nach mit Christus auferstanden".[21] Die Wiedergeburt ist demnach der „Prozeß des Übergangs vom Tod zum Leben".[22] Der menschliche Geist ist durch Gottes Heiligen Geist, durch das ewige Leben, erneuert und belebt.

Damit ist die Grundlage des christlichen Lebens und die Möglichkeit des geistlichen Wachstums unwiderruflich gegeben. Wie bei einer unreifen Frucht ist zwar alles Leben vorhanden, doch muss es nun erst entwickelt werden.

Das Problem vieler Christen besteht vor diesem Hintergrund darin, dass zwar ihr Geist belebt ist, er aber immer noch derart von Leib und Seele beherrscht wird, dass sich ihr Geist nicht erneuernd nach außen hin entfalten kann.[23] Bei ihnen handelt es sich daher um „fleischliche Christen" im Gegensatz zu den „geistlichen Christen", die beständig unter der Leitung des Geistes bleiben, ohne den Wünschen, Gedanken und Gefühlen der Seele zu folgen.

Auf der Basis dieses Schemas entfaltet Nee auf annähernd 600 Seiten das Leben in der christlichen Heiligung und geht dabei in vielen Details der Frage nach dem Sieg des Geistes über das Fleisch nach. Da das Fleisch unwandelbar verdorben ist, kann es nicht durch Askese, Kasteiungen etc. erneuert werden. Gott gibt dem Menschen daher neues Leben (als Erweckung des Geistes) und hilft ihm, das Fleisch in den Tod zu geben. „Abtöten des Fleisches" meint jedoch nicht die

---

[21] A.a.O., 62.
[22] A.a.O., 59.
[23] Vgl. daher auch W. Nees Schrift „Freiheit für den Geist", Winterthur ^{2}1965.

Auslöschung des menschlichen Körpers. Vielmehr geht es darum, dass der gesamte Mensch durch den Geist vom Heiligen Geist regiert wird: „Obschon das Fleisch bestehen bleibt, ist seine Kraft praktisch auf Null reduziert“; es ist „zwar da, aber nicht wirksam“[24].
Ziel dieses Lebens, in dem menschlicher Wille, Gefühl und Verstand gekreuzigt und Gott hingegeben worden sind, ist die Ruhe. Auch wenn äußerlich noch Emotionenen an den Gläubigen herandrängen, so bleibt doch der Geist ruhig, „als wäre nichts geschehen“.[25] Damit hat er „heiligen Boden betreten, ... ist er in ein reines Leben eingetreten. ... Das ‘Seelische’ ist vergangen, das geistliche Leben hat begonnen.“[26]
Die skizzierten Passagen lassen erkennen, dass Nee aus dem System des dreigeteilten Menschen weitreichende Folgerungen für seine Darstellung eines geheiligten christlichen Lebens zieht. Auf der Basis dieser trichotomischen Anthropologie werden innerhalb der Charismatischen Bewegung noch wesentlich weitergehende Schlussfolgerungen gezogen.[27]

3. Auswirkungen der trichotomischen Anthropologie im Rahmen der Charismatischen Bewegung

Im Mittelpunkt des Interesses steht aus naheliegenden Gründen der menschliche Geist. Dies wird in einem permanent wiederholten Grundsatz in folgender Form zum Ausdruck gebracht: „Der Mensch *ist* ein Geist, der eine Seele *hat* und *in* einem Leib *wohnt*.“[28]
Unter den bereits genannten Charakteristika des Geistes — Intuition, Gewissen und Gemeinschaftsfähigkeit — kommt der Intuition die

[24] A.a.O., 102f.
[25] W. Nee, Christ II, 239.
[26] A.a.O., 240.
[27] Den Hinweis auf den Zusammenhang zwischen dieser „trichotomischen Anthropologie“ und einschlägigen Charakteristika der Charismatischen Bewegung verdanke ich Clemens Ickelheimer, der sich eingehend mit dieser Thematik beschäftigt hat. Im folgenden beziehe ich mich wiederholt auf zwei unveröffentlichte Vortragsmanuskripte von ihm, in denen er einschlägiges Material zusammengetragen hat.
[28] Vgl. E.W. Kenyon, The Hidden Man, a.a.O.; ebs.: K. Hagin, The Human Spirit, 3 Bde.

größte Bedeutung zu, da sich durch sie die Verbindung zum Göttlichen erschließt.
Aus dieser Brückenfunktion des menschlichen Geistes wird von radikalen Vertretern die wesenhafte Göttlichkeit des Menschen abgeleitet. So formuliert Kenyon: „God is a spirit. Man is a spirit. They belong to the same class of being. Man's spirit is the real man."[29]
Nach dem Willen des Schöpfers übe der Mensch seine Herrschaft über die Natur (vgl. 1Mo 1,26) durch seinen Geist aus; durch ihn forme er Zivilisation und Kultur. Im Bereich des Individuums dominiere er Seele und Leib. Der Sündenfall habe jedoch auch für den menschlichen Geist eine fundamentale Veränderung bewirkt: Er ist fortan tot. Dies kann so verstanden werden, dass er sich in einer Art „Todesschlaf" befindet, in dem er zwar voll funktionsfähig bleibt, aber eben doch „abgeschaltet" ist: „Der 'Apparat' ... war noch vorhanden, nur im Augenblick stillgelegt."[30] Für andere ist der menschliche Geist mit dem Sündenfall der Herrschaft des Satans verfallen und muss dementsprechend wieder davon befreit werden.
Diese Befreiung erfolgt durch Jesu Tod und Auferstehen. Da jedoch die Todverfallenheit des menschlichen *Geistes* das eigentliche Problem darstellt, ergeben sich Schwierigkeiten mit der Tatsache, dass Jesus *im Fleisch* gelitten hat und *leiblich* am Kreuz gestorben ist. Daher wird das eigentliche Erlösungsgeschehen auf einen geistlichen Vorgang in Hölle bzw. Totenreich zwischen Kreuzigung und Auferweckung verlagert. „Dort habe sich der dem geistlichen Wesen des Menschen entsprechende geistliche Erlösungstod Jesu ereignet, indem Jesus mit Satan einsgeworden und von den Dämonen gequält worden sei."[31] Analog dazu habe sich seine entscheidende geistliche Wiedergeburt ebenfalls dort *vor* der leiblichen Auferstehung ereignet. Dem entspricht, dass der Mensch bei seiner Wiedergeburt in seinem Geist das neue Leben und damit die Natur Gottes empfängt.[32] In der zusätzlichen Erfahrung der Geistestaufe bricht der bereits im Geist des Menschen wohnende Heilige Geist in die Seele und den Leib des

29 The Two Kinds of Knowledge, E.W. Kenyon's Gospel Publishing Society, Lynnwood, 1981, 22.

30 D. & R. Bennet, Trinität, a.a.O., 77.

31 C. Ickelheimer, „Zur Bedeutung der Trichotomie und des menschlichen Geistes in der charismatischen Bewegung", 5.

32 „God ... imparts to your spirit His very nature" (E.W. Kenyon, a.a.O.).

Betreffenden, um auch diese „zu überströmen und zu erfüllen und von da aus in die Welt um uns zu fließen.“[33]
Da der Verstand in der Seele, die Intuition jedoch im Geist des (wiedergeborenen) Menschen angesiedelt ist, wird leicht erkennbar, warum intuitiven Impulsen, Bildern, Prophetien wesentlich größeres Gewicht eingeräumt werden muss als Ausführungen, die einen Sachverhalt argumentativ begründen oder in Frage stellen. Vorgänge im Bereich des „Toronto-Segens“ haben diesen Gegensatz in aller Deutlichkeit offenbar gemacht. Dabei konnte das Bizarre und Unvernünftige geradezu zum Kennzeichen der Echtheit einer Geistmitteilung erhoben werden.[34]
Ähnliches gilt für das „im Geist empfangene Wunder“. Da sich die entscheidenden Vorgänge im (menschlichen) Geist ereignen, kommt alles darauf an, dass etwa eine Heilung oder eine Gebetserhörung „im Geist empfangen“ werden. Wenn ein Mensch, dem die Heilung im Geist zugesprochen wurde, nur vorbehaltlos an diese veränderte Realität glaubt, so sei das Verschwinden der äußerlich sichtbaren Krankheitssymptome nur noch eine Frage der Zeit. Dasselbe gilt für eine im Geist empfangene Segnung: Sie ist bereits Wirklichkeit, auch wenn davon noch nichts zu sehen ist.[35]

---

[33] D. & R. Bennet, Trinität, a.a.O., 85.90.

[34] Was sich anläßlich einer derartigen Segnung insgesamt abspielt, wird anschaulich in dem Bericht von Glenda Waddell unter der Schlagzeile „Die seltsamen Tierlaute und was Gott mir gezeigt hat“. Sie ist Mitarbeiterin der vom Toronto-Segen erfassten anglikanischen Kirchengemeinde Holy Trinity im Londoner Stadtteil Brompton und nahm an einem Pastoren- und Leitertreffen in Toronto teil: „Es hörte sich an, wie wenn der Raum eine Mischung zwischen einem Dschungel und einem Bauernhof gewesen wäre. Sehr viele Löwen brüllten, Bullen muhten, es gab Esel, neben mir krähte ein Hahn und allerlei Vögel zwitscherten ... Alle nur vorstellbaren Tiere konnte man hören.“ Frau Waddell fragte: „Herr, warum müssen wir all das tun?“, worauf sie deutlich gefühlt habe, wie der „Herr“ zu ihr sagte: „Was du vernimmst, ist ... meine Gemeinde und sind meine Leiter, die ihrer Würde entkleidet werden, denn ich hasse die Würde. ... So muß es sein. Ihr wollt die Welt für mich gewinnen? Ihr wollt die Welt für Christus gewinnen? Meint ihr, ihr könnt das mit all dem Zeug, das an euch hängt? Zuerst muß ich das hier tun. ... *Meint ihr, mein Sohn habe bei seinem Sieg noch irgendwelche Würde gehabt? Er hatte keine mehr.*“ (nach: „Holy Trinity Brompton in FOCUS“ 15, No.32, 9. Okt. 1994, 12).

[35] Dies kann sogar dazu führen, dass es untersagt wird, für das weitere Eintreten von entsprechenden Veränderungen zu beten: Denn in einer solchen Bitte würde sich gerade der Unglaube offenbaren, der an dem „im Geist“ bereits eingetretenen Wunder zweifelt.

Vor diesem Hintergrund ist es nicht verwunderlich, dass bei Vertretern solcher Lehren eine veränderte Wahrnehmung der Wirklichkeit zu beobachten ist: „Bei Charismatikern, die ihren Geist und die Welt der Geister überhaupt für die bestimmende Realität halten, kommt es oft zu einer mehr oder weniger starken Einschränkung ihrer natürlichen Fähigkeit, die offenkundige Wirklichkeit wahrzunehmen und realistisch einzuschätzen."[36] Dabei wird von „Realitäten" gesprochen, die als solche nicht aufweisbar sind, da sie als „im Geist" existent behauptet werden. Nicht selten erwächst daraus der Vorwurf der Unwahrhaftigkeit, da Aussagen in eklatantem Widerspruch zu dem stehen, was auf der Hand liegt. Da der christliche Glaube jedoch grundsätzlich „ein Nichtzweifeln an dem ist, was man nicht sieht" (Hebr 11,1), ist der Konflikt zwischen einem Vertrauen auf Gottes Wort der Verheißung und einer Ausrichtung auf vorgeblich im Glauben in Anspruch genommene Realitäten unvermeidlich.

Weiterentwicklungen des „im Geist empfangenen Wunders" werden durch Begriffe wie „Inkubation" und „Visualisation" angezeigt, die besonders mit dem Namen Yonggi Cho[37] verbunden sind: Das im Geist bereits verwirklichte Wunder ist vergleichbar mit einer Schwangerschaft; es drängt auf sichtbare Manifestation. Dabei können somit „geistliche Geburtswehen" einhergehen, die sich in einem „Wehengebet" (laboring prayer) mit begleitendem Stöhnen und Schreien äußern.

In der „Visualisation" stellt sich der Betreffende die im Geist empfangene Wirklichkeit detailliert vor, projiziert sie in die sichtbare Wirklichkeit und spricht von ihr, bis die beiden Realitäten deckungsgleich werden. Damit findet das in Röm 4,17 bezeichnete Schöpfungshandeln Gottes (*„Gott ruft dem, das nicht ist, dass es sei"*) eine Fortsetzung beim Menschen, indem er „die Dinge in Existenz spricht".

Insgesamt wird der Eindruck vermittelt, dass die „Funktionsweise" der Wirksamkeit des göttlichen Geistes im menschlichen Geist bestimmten Prinzipien und Gesetzen folge, die daher beachtet, erlernt und angewandt werden können. Die personale Beziehung zwischen Mensch und Gott tritt zugunsten eines funktional geprägten Verhältnisses zurück. Ickelheimer weist in diesem Zusammenhang auf eine „Verschiebung im Verständnis und in der Praxis des Gebetes" hin:

---

36 C. Ickelheimer, a.a.O., 7.

37 Vgl. seine Schrift „Die vierte Dimension", Karlsruhe [2]1979.

Das einfache Bittgebet, das auf die Verheißung des biblischen Wortes hin mit dem souveränen Eingreifen Gottes rechnet, wird als „minderwertig gegenüber den Gebetstechniken des ‘Power-Gebetes’“[38] eingeschätzt. Die Kenntnis und der Einsatz von verschiedenen „Gebetstechniken“ (Reden zu Umständen und Geistern, In-Existenz-Sprechen, Schreien, ‘Gebären’ etc.) verursacht eine weitreichende Veränderung in der Haltung zum Gebet.

4. Fazit

Die skizzierte Dreiteilung des Menschen in Geist, Seele und Leib und die daraus gezogenen Konsequenzen im Bereich der Charismatischen Bewegung machen folgende Einsichten offenbar:
Die entscheidende „Instanz“ des Menschen ist der Geist; dieser wird auf intuitive Weise von Gottes Geist erreicht und beeinflusst. Ihm steht als nachgeordneter Bezirk die Seele gegenüber. Gleichzeitig stellt sie die „Schaltzentrale“ für die Vermittlung des Geistlichen „nach außen“, d.h. in den Bereich des Leiblichen und Sichtbaren, dar. Da in ihr u.a. der Wille angesiedelt wird, kommt diesem für die Wirksamwerdung des Geistes im Leben des Einzelnen wie auch der Gemeinde entscheidende Bedeutung zu. Da ja durch den im menschlichen Geist ungehindert wirkenden göttlichen Geist alle Voraussetzungen für ein Leben in der Fülle des Geistes vorhanden sind, hängt die „Umsetzung“ dieser Möglichkeiten von dem Willenseinsatz im Rahmen der Seele ab.
Diese Konstellation hat unmittelbare Auswirkungen auf alle Bereiche christlicher Existenz: Im Blick auf die Verkündigung des Evangeliums, etwa in einer bestimmten Stadt, kann davon ausgegangen werden, dass nach Gottes Willen alle Einwohner zum Glauben geführt werden sollen. Wird dieses Ziel nicht erreicht, so muss dies an Hemmnissen liegen, die durch die Mitarbeiter ausgeräumt werden könnten — sei es durch intensive Formen des Gebets, durch Vertreibung von Dämonen etc. Gleiches gilt für die Frage der Heilung: Einerseits werden dem Glaubenden kraft des Geistes Wunder und Heilungen verheißen und zugesprochen; dem steht auf der anderen Seite die bedrängende Wirklichkeit von Krankheit und Schwachheit gegenüber. Was liegt angesichts dieser Diskrepanz näher, als darauf hinzu-

[38] C. Ickelheimer, a.a.O., 9.

weisen: „Wenn du mehr glauben, intensiver beten, hingebungsvoller leben würdest, dann könntest du Wunder erfahren, ließe sich ein Durchbruch erzielen".

Die Kritik an der Aufteilung des Menschen in drei voneinander abgegrenzte Bezirke hat zunächst die Frage nach der biblischen Sicht des Menschen zu beantworten. Ohne dass hier Einzelheiten dargelegt werden können, ist festzuhalten, dass sowohl das Alte als auch das Neue Testament den Menschen grundsätzlich als Einheit darstellen. Die vielfältigen Begriff und Bezeichnungen[39], deren Bedeutungen sich nicht streng voneinander unterscheiden lassen, markieren jeweils unterschiedliche Aspekte des ganzheitlich gesehenen Menschen. Dies wird bereits unübersehbar deutlich in der Schöpfungsgeschichte, wo der Mensch nicht eine Seele *erhält*, sondern zur lebendigen Seele *wird* (1Mose 2,7).[40] Insgesamt gilt: „Die anthropologische Begrifflichkeit des Alten Testaments weist auf ein ganzheitliches Menschenverständnis, das durchaus Parallelen in den antiken semitischen Kulturen besitzt, sich aber deutlich vom dichotomischen (Seele-Leib) bzw. trichotomischen (Geist-Seele-Leib) Menschenbild der philosophisch-christlichen Tradition des Abendlandes unterscheidet." Selbst wenn im Alten Testament verschiedene „Schichten menschlicher Persönlichkeitsstruktur" differenziert werden, so werden „diese nur als Aspekte einer psychosomatischen Einheit"[41] begriffen.

Wird die alttestamentliche Verwurzelung der neutestamentlichen Aussagen über den Menschen ernstgenommen, so ist auch dort die Ganzheitlichkeit herauszustellen. Dies gilt insbesondere für die umfassende Sündhaftigkeit des gesamten Menschen (vgl. Röm 10ff) und die daraus resultierende Verfallenheit unter das Gericht Gottes, wie aber auch für seine Rechtfertigung um Christi willen, die ihn — umfassend! — zur neuen Kreatur macht (2Kor 5,17). Wenn daher Paulus den Christen als „fleischlich" bzw. „geistlich" bezeichnet, so bezieht

---

39 Diese umfassen weit mehr als nur die drei Bestimmungen Geist - Seele - Leib: vgl. daneben z.B. Herz, Sinn, Fleisch, Atem, Gemüt. Vgl. dazu H.W. Wolff, Anthropologie des AT, München [5]1990; W.H. Schmidt, Anthropologische Grundbegriffe im AT, EvTh 24 (1964), 374-388.

40 Diese Bedeutungsbreite drückt sich folgerichtig in verschiedenen Übersetzungen aus; so wird z.B. der hebräische Begriff „näfäsch" in 1Mose 2,7 vielfach nicht mit „Seele", sondern mit „lebendigem Wesen" (Luther 1985, Jerusalemer u.a.) wiedergegeben.

41 R. Albertz, Art. Mensch II (AT), TRE 22, 464-474, hier: 465,16.21.24.

er sich dabei nicht auf einzelne (leiblich-seelische) Bezirke im Menschen, sondern hat jeweils den gesamten Menschen im Blick: einmal in der Perspektive des aufdeckenden Gesetzes, das den ganzen Menschen in seiner Sündhaftigkeit vor Gott enthüllt, zum andern in der Perspektive des Evangeliums, das wiederum den gesamten Menschen mit der Gerechtigkeit Christi umhüllt.[42]

Wo diese Zusammenhänge ernstgenommen werden, verbietet sich eine Aufteilung des Menschen im Sinne einer trichotomischen Anthropologie mit daraus resultierenden verschiedenartigen Zuständigkeitsbereichen von Geist, Seele und Leib. Insbesondere ist allen Vorstellungen entgegenzutreten, die den Seelen-Bereich des Willens als die entscheidende Schaltstelle für eine Umsetzung bzw. Durchsetzung des göttlichen Geistes im Bereich des „Leiblichen“ deuten und dies durch bestimmte Techniken oder Praktiken herbeiführen wollen. Gott bleibt in all seinem Handeln der Souveräne, dessen Wirken verheißen ist und mit Zuversicht erbeten und erwartet, nicht aber herbeigezwungen werden kann.

Zwar soll nicht übersehen werden, dass innerhalb einer weitgehend auf den materiellen Bereich ausgerichteten Umwelt die christliche Gemeinde zu Recht auf die Welt Gottes verweist, die ausschließlich im Glauben wahrgenommen werden kann. Doch darf dies keinesfalls zu einer Spaltung der Wirklichkeitswahrnehmung führen. Christen leben bewusst *„in der Welt“* (vgl. Joh 16,33). In dieser Welt haben sie daher auch teil an ihrer Zerrissenheit, über die sie seufzen (Röm 8,23). Solche Klage wird durch den Heiligen Geist nicht aufgehoben. Vielmehr wird der Heilige Geist zum „Assistenten“ der angefochtenen Glaubenden, indem er mit ihnen seufzt und so ihre Anliegen vor Gott bringt (Röm 8,26). Das Schauen, das den Glauben ablösen wird (2Kor 5,7), meint keine vom Irdischen abgehobene Ebene geistlicher Realität, die von Visualisation und In-Existenz-Sprechen bestimmt wäre, sondern ist Gegenstand endzeitlicher Erwartung: *„Wir sind zwar gerettet, doch auf Hoffnung. Die Hoffnung, die man sieht, ist nicht Hoffnung; denn wir kann man auf das hoffen, was man sieht?“*

[42] „Fleischlich“ sind die Korinther nach 1Kor 3,1ff deshalb, weil sie innerhalb der Gemeinde so miteinander umgehen, wie dies zwischen politischen Parteien üblich ist: mit *„Eifersucht und Zank“* (1Kor 3,3); vgl. auch Röm 8,5ff. Gemeint ist jeweils der gesamte Mensch!

(Röm 8,24). Diese Hoffnung erfüllt den Menschen als ganzen und richtet sich darauf, dass Gottes neue Welt umfassend offenbar wird.

Der Umgang mit den Mächten in der Seelsorge

von Traugott Messner

Die moderne Seelsorgebewegung zeichnet sich dadurch aus, dass sie sich vieler Methoden der Psychologie bedient und diese für sich rezipiert. Der „Psychologisierung" der kirchlichen Seelsorge ist neben vielen anderen positiven Aspekten auch zu verdanken, dass psychische Krankheiten entdämonisiert wurden. Andererseits aber hatte sie auch zur Folge, dass im Zusammenhang der rationalen Erklärung der Mächte, des Bösen oder – nennen wir ihn beim Namen — des Teufels auf rein psychologische und parapsychologische Deutungsmuster zurückgegriffen wird. Der Teufel wird „wegpsychologisiert" und somit seine Realität aufgelöst — und damit, so scheint es, auch die Probleme, die er dem Menschen macht.

Im Gegensatz dazu aber rechnet das Neue Testament mit der teuflischen Wirklichkeit, die sich gegen Gottes Alleinherrschaft auflehnt. Es handelt sich dabei nicht um jüdische Mythologie, sondern diese Realität zeigt uns das letzte Geheimnis der Wirklichkeit. Der Erkenntnis dieser Wirklichkeit verpflichtet, konstatiert der Schriftsteller F. Dostojewski[1]: „Man nennt mich einen Psychologen. Das ist nicht richtig. Ich bin nur ein Realist im höheren Sinne." Schon Dostojewski sieht in der Psychologisierung des Teufels eine Gefahr und keine Lösung des Problems, wenn er sagt: „Nichts freut den Teufel mehr, als wenn man ihn nur als die Spaltung des Ichs auffasst, ihn demnach rein psychologisch sieht."[2]

Eine Seelsorge, die diese Gefahr der Psychologisierung wahrnimmt, gleichzeitig die Psychologie aber nicht „verteufeln" will, ist von daher gefordert einen Weg zu suchen, der um „diese Realität im höheren Sinn" weiß, und dennoch nicht gleich alle seelsorgerlichen Probleme und Konflikte auf dämonische Ursprünge zurückführt. Für eine effektive geistliche Seelsorge ist wesentlich zu bedenken, dass Menschen und deren Konflikte vielschichtig sind und aus biologischen, psycho-

---

1 F. Dostojewski, Literarische Schriften, 1920, 363.

2 Vgl. W. Nigg, Der Teufel und seine Knechte, Olten 1983, 204f.

sozialen und spirituellen Komponenten zusammengesetzt sind[3]. Unverantwortlich ist aber auch eine christliche Seelsorge, die die Existenz übernatürlicher Mächte ignoriert und ausschließt oder eben wegpsychologisiert. Der christliche Seelsorger hat eben damit zu rechnen hat, dass sich hinter dem einen oder anderen Problem in der Seelsorge auch dämonischer Einfluss verbergen kann, dass sozusagen der Teufel am Werk ist. Er sollte im Blick haben, was Paulus in 2Kor 2,11 anspricht: *„damit wir nicht übervorteilt werden vom Satan, denn uns ist wohl bewusst, was er im Sinn hat."*

Weil unsere Zeit, die sogenannte Postmoderne, wieder verstärkt und offensichtlich großes Interesse an der Geisterwelt und an okkulten Phänomenen zeigt, braucht der Seelsorger eine klare Vorstellung bezüglich des Vorkommens übernatürlicher Phänomene. Es geht um die Vermeidung von zwei konträren Fehleinschätzungen, die heute besonders virulent sind: Wird auf der einen Seite grundsätzlich die Existenz übernatürlicher Wesen bestritten, zeigt sich auf der anderen Seite ein unkritischer und unreflektierter Aberglaube an die Existenz von Außerirdischen oder Geistern, die in Ufos oder Raumschiffen scheinbar angeflogen kommen.

Ein Umgang mit den Mächten in der Seelsorge, der das alles im Blick hat, soll im Folgenden an einzelnen Aspekten dargestellt werden

1. Die Faszination am Okkulten in der Moderne

Berichte über satanische Aktivitäten, Umfrageergebnisse und zahlreiche Interviewpartner in den Talkshows der Medien bestätigen das überaus große Interesse und die Faszination, die das Okkulte auf den modernen Menschen ausübt[4]. Wer selbst mit Jugendlichen zu tun hat,

---

[3] Vgl. G. Collins, Die biblischen Grundlagen für beratende Seelsorge, Marburg 1995, 195ff.

[4] Eine Umfrage des Allensbach-Instituts im August 1989 ergab, dass der Glaube an die Existenz von Hexen ständig zunimmt, im Vergleich von 1956 zu 1989 hat sich die Zahl derer, die an Hexen glauben, verdoppelt. Die Statistiken der 13. Shell Jugendstudie 2000 zur Ausübung von spirituell-okkulten Praktiken Jugendlicher belegt, dass 76% aller Befragten keine dieser Praktiken ausüben. Allerdings stellt diese Studie fest, dass dieser Fragebereich problematisch ist, weil Okkultes im Verborgenen geschieht und auch verborgen bleiben will. „Wer einen Bund mit dem Satan schließt, wer seine Lebensplanung dem I Ging anvertraut, wer in der Meditation innere Gewißheit sucht, der dürfte solche Erfahrungen nur ungern mitteilen." Außerdem: wer gelegentlich bei okkulten Praktiken auf Parties teilnimmt, rechnet sich

kann im Gespräch mit ihnen relativ schnell feststellen, dass okkulte Phänomene eine besonders große Anziehungskraft auf sie ausüben. Es gibt heute kaum eine Klassenstufe oder eine Konfirmandengruppe, in der nicht Einzelne oder ganze Cliquen schon mit solchen Phänomenen zu tun hatten oder in Kreisen verkehrten, wo Tische- und Gläserrükken praktiziert wird bzw. in denen Kontakt mit Verstorbenen aufgenommen wird. Des Weiteren gibt es heute Jugendliche und Erwachsene, die sich bewusst als Satansanhänger verstehen und in einer Art Gemeinde sogenannte schwarze Messen zelebrieren. Die Jugendzeitschrift „Bravo“ ist voll von solchen Geschichten und Darstellungen bis hin zu konkreten Anleitungen zu okkulten Praktiken. Die Leser werden dadurch neugierig gemacht und dazu animiert, es einmal auszuprobieren, weil angeblich vielversprechende Erfahrungen gemacht werden können. Okkulte Praktiken werden darin oft verharmlosend dargestellt, so dass Jugendliche keine Gefahr darin sehen, es selber auszuprobieren und daran teilzunehmen.
In Analogie zu den Jugendreligionen der 70iger Jahre spricht man heute von einem „Jugendokkultismus“ oder einem „Jugendspiritismus“.

1.1. Motive

Die Motive sind vielschichtig und unterschiedlicher Art. Vor allem ist es der Reiz der Neugierde, etwas Neues auzuprobieren. Des Weiteren zeigt sich an dieser Bewegung, dass die religiöse Orientierung in der Bevölkerung und besonders unter Jugendlichen große Defizite aufweist und diese „negative“ Daseinserklärung deshalb auf ein Vakuum stößt. Hier werden Antworten gegeben auf Fragen, die die Jugendlichen bewegen und so auch zur Identitätsfindung beitragen. Außerdem wird versucht durch solche Praktiken die Unsicherheit und Zukunftsangst zu überwinden.
W. Janzen stellt fest: „ ...nach dem Scheitern des Fortschrittsglaubens, dem wachsenden Unbehagen am säkularistischen Streben des Menschen nach Selbstverwirklichung durch die technisch-wissenschaftliche Weltbemächtigung, brechen die metaphysischen Bedürfnisse des Menschen wieder auf. Da das weite Feld der Hoffnung aber von der kirchlichen Verkündigung geräumt wurde, bieten

nicht zu denen, die okkulte Praktiken praktizieren. Vgl. Jugend 2000, 13.Shell Jugendstudie Bd.1, 175.

die Okkultbewegungen ihre Hoffnungen an, die man als säkuläristische Aufwärtshoffnungen bezeichnen kann."[5]
Diese Beobachtungen und Entwicklungen lassen vermuten, dass in Zukunft die Seelsorger verstärkt mit Menschen konfrontiert werden, die unter den Folgen von Kontakten mit okkulten Kreisen leiden, was sich oft in psychischen Auffälligkeiten und Störungen wie z.B. Angst, Unsicherheit oder Schlaflosigkeit niederschlägt.
Wie in der Seelsorge mit solchen Belastungen umgegangen wird, hängt wesentlich von der Einordnung und Deutung des Okkultismus und seiner Phänomene ab. Allerdings sollte zuerst und vor allem zwischen psychischer und okkulter Belastung unterschieden werden.

2. Zur Unterscheidung von okkulter und psychischer Belastung

2.1. Die Vieldimensionalität psychischer Belastungen

Um den Ursachen von psychischen Belastungen auf den Grund zu kommen, schlägt Michael Dietrich[6] grundsätzlich vor, von einer Vieldimensionalität auszugehen. In diesem Zusammenhang misst er den Hilfsmöglichkeiten der Medizin, Psychologie und Theologie große Bedeutung zu. Er geht davon aus, dass in der Therapie von psychisch Kranken zunächst und vor allem die Humanwissenschaften anzuwenden sind bevor die Möglichkeit erwogen wird, dass okkulte Belastungen die Ursache von psychischen Krankheiten sein könnten. Für die Diagnose einer okkulten Belastung legt M. Dietrich m.E. sinnvolle Kriterien fest. Dazu gehört zunächst die Teilnahme am aktiven Okkultismus, d.h. diese Diagnose kann nur auf den zutreffen, der sich willentlich mit den Finsternismächten eingelassen hat oder einlässt. Als weiteres Kriterium sieht er den bewussten Widerstand gegen Gottes Wort und das Erwerben von paranormalen Fähigkeiten. Treffen diese Kriterien bei dem jeweiligen Menschen nicht zu, ist eine medizinische oder psychologische Therapie anzuwenden und von keiner okkulten Belastung auszugehen.

---

5 W. Janzen, Okkulte Erscheinungen, Astrologie, Spiritismus, Stuttgart 1975, 148.

6 M. Dietrich, Neue Spiritualität, Sammelband, 43f, vgl. Studienbrief 24, hrsg. von Arbeitsgemeinschaft Missionarischer Dienste, Stuttgart 1990, 17.

2.2. Die „Differentialdiagnose" nach K. Koch

Der Sache nach ähnlich hat der Seelsorger auch nach Kurt Koch[7] vorzugehen, wenn er für das eindeutige Feststellen von okkulten Belastungen die Differentialdiagnose vorschlägt. Der Seelsorger hat darauf zu achten, dass er in der Seelsorge auftretende Schwierigkeiten und Belastungen nicht vorschnell dämonisiert, da er sonst den Mächten der Finsternis Raum und Anerkennung zukommen lässt. Wenn Menschen mit okkulten Belastungen oder Erfahrungen in die Seelsorge kommen, ist es daher zunächst wichtig die verschiedenen Ebenen und Dimensionen verschiedener Deutungsmöglichkeiten bewusst zu machen, die es im Bezug auf solche Erfahrungen und Praktiken gibt; dazu gehören die biologisch verhaltenstheoretische und individuell-psychologische sowie die gesellschaftliche und die theologische Dimension.

Auch Adolf Köberle gibt zu bedenken, dass diesem Problemkreis in der Seelsorge „nur eine mehrdimensionale Betrachtung" gerecht wird. Der Theologe muss lernen, die biologischen und psychologischen Grundlagen der okkulten Struktur zu erkennen. „Der Arzt und Seelenarzt aber sollte dahin kommen, dass er die Tiefe der religiösen Schuld und Verfehlung bei all diesem Geschehen ermessen lernt."[8]

Bei seelischen Erkrankungen schlägt K. Koch im Zweifelsfall die „Differentialdiagnose" vor. In dieser Art der Diagnose ist die Kernfrage bei seelischen Erkrankungen, ob die Ursachen rein medizinischer Art sind, oder ob eine okkulte Belastung oder aber ein nicht mehr klar definierbarer Mischtypus vorliegt. Sowohl bei einem Mischtypus als auch bei eindeutiger okkulter Belastung ist es notwendig die Krankheit auch im religiösen Zusammenhang zu betrachten. Ist bei seelischen Krankheiten eindeutig eine okkulte Belastung festzustellen, kann auf fachärztliche Hilfe verzichtet werden. Grundsätzlich gilt aber, dass in allen Fällen zunächst die allgemeine Seelsorge angewendet wird. Die *cura specialis*, die spezielle Seelsorge, an okkult Belasteten kommt erst unter eindeutigen Voraussetzungen zur Anwendung.

Um diese „differentialdiagnostische" Analyse zu erstellen, muss der Seelsorger mit allen wissenschaftlichen Hilfsmitteln gerüstet sein, die helfen die Zusammenhänge der seelischen Erkrankung aufzudecken

---

7 Vgl. K. Koch, Seelsorge und Okkultismus, Wüstenrot 1953, 275f. Dieses Buch erschien 1982 in der 25. Auflage, was für das große Interesse an diesem Thema spricht.

8 Vgl. A. Köberle, Vorwort, in: K.Koch, a.a.O., 13.

bevor dann weitere Schritte der *cura specialis* an okkult Belasteten eingeleitet werden.
Sowohl Dietrich als auch Koch legen Wert darauf, dass mit der Diagnose von okkulten Belastungen sorgsam umgegangen werden muss, um nicht vorschnell zu dämonisieren, was zu verheerenden Folgen führen kann (vgl. die Hexenprozesse im Mittelalter, wobei heute das gegenteilige Phänomen zu beobachten ist, dass sich Menschen selbst als Hexe oder Teufel bezeichnen). Beide aber halten daran fest, dass es okkulte Belastungen geben kann, die durchaus auf dämonische Einflüsse zurückzuführen sind.
Für die Feststellung von okkulter Belastung aber ist entscheidend, dass die betreffende Person von sich selbst behauptet, dass sie aufgrund bestimmter Erfahrungen oder Praktiken okkult belastet sei. Eine gefährliche und deshalb nicht geistlich zu verantwortende Vorgehensweise ist, dass in der Seelsorge den Menschen manchmal solche Belastungen eingeredet oder aufgetretene Probleme auf vermutete Belastungen der Vorfahren zurückgeführt werden. Als biblische Begründung für diese Vorgehensweise wird häufig 2Mo 20, 5 herangezogen: *„Denn ich, der Herr, dein Gott, bin ein eifernder Gott, der die Missetat der Väter heimsucht bis ins dritte und vierte Glied an den Kindern derer, die mich hassen."* Dieses Wort ist jedoch keine Aufforderung in der Vergangenheit eines Menschen zu forschen, was an Sünden oder okkulten Belastungen bei den Vorfahren gewesen sein könnte. Jesus weist seine Jünger scharf zurecht als sie ihn im Bezug auf den Blindgeborenen fragten, ob denn die Eltern gesündigt habe, dass dieser Mann blind sei (vgl. Joh 9,1ff; vgl. dazu auch Lk 13,1ff). In diesem Zusammenhang ist auch auf Hes 18,20 hinzuweisen. Dort wird die Verantwortlichkeit für eigene Sünde thematisiert und abgelehnt, dass der Sohn die Schuld des Vaters tragen soll: *„Der Sohn soll nicht tragen die Schuld des Vaters, und der Vater soll nicht tragen die Schuld des Sohnes."* Menschen, die darunter leiden, dass ein Fluch auf ihnen lasten könnte, von dem sie selbst nichts wissen oder nur eine dunkle Ahnung haben, werden von der Bibel her nicht aufgefordert bei vorhergehenden Generationen zu suchen und zu forschen, um dann konkret um Vergebung bitten zu können. Hier gilt grundsätzlich, dass die Gewissheit der Vergebung nicht davon abhängt, dass jede unerkannte und unbewusste Sünde konkret in der Beichte ausgesprochen wird. Die Gewissheit der Vergebung liegt auf dem Vergebungswort, das dem Sünder zugesprochen wird und das auch für die uner-

kannten Sünden gilt. Die Vergebungsgewissheit liegt also im Vergebungswort selbst und nicht im subjektiven Eindruck oder Gefühl, auch nicht darin, dass irgendwelche Belastungen von Vorfahren oder unbewusste Sünden erforscht werden.

3. Seelsorge an okkult Belasteten

Als okkult belastet gilt ein Mensch dann, wenn er aufgrund der Teilnahme an okkulten Praktiken leidet und den Eindruck hat, dass er sich dadurch den Mächten ausgesetzt hat und sie Einfluss über ihn bekommen haben. In der Bibel kommt diese Begrifflichkeit selbst nicht vor[9]. Im Zusammenhang mit den Heilungen und Zeichen Jesu ist oft von Besessenheit die Rede, die so aber nur Jesus selbst feststellen konnte. Dennoch halte ich den Begriff der „okkulten Belastung" für sinnvoll, da er den subjektiven Eindruck eines Menschen ausdrückt, der unter okkulten Einflüssen leidet. Grundsätzlich gilt hier, dass es eine Befreiung nur durch Jesus Christus gibt. Sein Sieg über Tod und Teufel ist die Voraussetzung und die Grundlage für die Seelsorge im geistlichen Kampf gegen die Mächte. Dabei sind unterschiedliche Momente des seelsorgerlichen Helfens zu bedenken, die im Folgenden ausführlicher erörtert werden:
3.1. Heilung durch Gespräch und Beichte
3.2. Befreiung oder Heilung durch Absage an den Teufel
3.3. Heilung durch Exorzismus

3.1. Heilung durch Gespräch und Beichte

3.1.1. Die Notwendigkeit der Beichte in der Seelsorge

Um das Eigentliche der Beichte zu erkennen, ist eine klare Unterscheidung zwischen der Beichte und dem psychotherapeutischen Gespräch notwendig.

In der Psychotherapie sollen Verdrängungen, unterbewusste Spannungen, Komplexe usw. thematisiert und besprochen werden. Es sollen die Ursachen erforscht und wenn möglich durch konkrete Anweisungen angegangen werden. Das psychotherapeutische Gespräch findet „im Forum der *ratio* (der Vernunft)" statt.

Die Beichte dagegen hat Gott zum Gegenüber. Seelsorger und Beich-

---

9 Vgl. H. Hemminger, Vom Umgang mit dem Okkultismus, Psychologische und seelsorgerliche Aspekte, Materialdienst der EZW 12/88, 352ff.

tender sehen sich vor Gott als Sünder und erwarten von Gott Vergebung und Hilfe.

Grundsätzlich ist nach evangelischer Auffassung die Beichte sinnvoll, aber nicht verpflichtend. Martin Luther[10] hat großen Wert darauf gelegt, dass sie aus freien Stücken heraus geschieht. Er lehnte die Beichte nicht grundsätzlich ab, nur ihren Zwangscharakter. Allerdings ist in der Seelsorge an okkult Belasteten die Beichte ein wichtiger und wesentlicher Schritt, aus den Bindungen frei zu werden. Wer sich mit okkulten Praktiken eingelassen hat und davon befreit werden will, tut gut daran, das im Beichtgespräch das offenzulegen und zu benennen. Okkulte Belastungen, die an sich im Verborgenen bleiben wollen, verlieren an Macht, wenn sie in einem seelsorgerlichen Gespräch oder in der Beichte ausgesprochen werden vor Gott in Gegenwart eines anderen Christen. In der Beichte geschieht genau das Gegenteil von dem, was im Okkultismus geschieht: die Beichte legt offen und bekennt Sünde und Schuld. Im Okkultismus dagegen wird Sünde und Schuld verdunkelt und verheimlicht. Durch die Beichte wird die Macht des Okkulten gebrochen, weil sie ans Licht bringt und zum Licht führt. Deshalb ist die Beichte für den okkult Belasteten, der von seiner Belastung befreit werden will sinnvoll und für den, der allein damit nicht fertig wird, notwendig. Weil in der Beichte vor Gott und einem Seelsorger ausgesprochen wird und damit ans Licht gebracht wird, was an okkulten Belastungen vorgefallen ist, hat die Beichte für den okkult Belasteten besondere Bedeutung. In der Beichte kann Befreiung erfahren werden, die im persönlichen stillen Sündenbekenntnis so oft nicht möglich ist. Die Beichte sollte hier in ihrer Wirksamkeit nicht unterschätzt werden.

Es stellt sich hier die Frage, ob es unterschiedliche „Arten" von Sünden gibt: Sünden, für die die Beichte notwendig ist und Sünden, für die die Beichte nicht notwendig aber sinnvoll erscheint.

3.1.2. Unterscheidung von allgemeiner Sünde und der Sünde des Sich-Einlassens mit Okkultem

Sich mit Okkultem einlassen ist zum einen Sünde, wie alle anderen Sünden auch, die allein der Vergebung bedarf und keiner weiteren speziellen Behandlung oder Art von Befreiung.

Zum andern stellt aber eine okkulte Betätigung in qualitativ anderer

[10] M. Luther, Confessio Augustana, Art. XI, BSLK, 66.

Weise ein bewusstes Sich-Einlassen mit dem Teufel und den Mächten der Finsternis dar wie das bei anderen Sünden wie z.B. Geiz, Neid oder Diebstahl so nicht der Fall ist. Diese Art von Sünden kommen auch bei dem Bekehrten vor, weil sie zur gefährdeten Existenz des Menschen gehören. Der Mensch bleibt Sünder solange er lebt, solange er an die Bedingungen des Menschseins gebunden ist, auch dann, wenn er zum Glauben an Jesus Christus gekommen ist. Paulus bringt diese Spannung des Christen in Röm 7,24f zum Audruck, wenn er schreibt: *„Ich elender Mensch, wer wird mich erlösen von diesem todverfallenen Leibe. ... So diene ich nun mit dem Gemüt dem Gesetz Gottes, aber mit dem Fleisch dem Gesetz der Sünde."* Luther bringt die Existenz des Christen auf die Formel: *simul iustus et peccator* (Sünder und Gerechter zugleich). Von diesem Sündersein unterscheidet sich jedoch das sich Einlassen mit Okkultem, weil sich der Mensch dabei bewusst für die Macht des Bösen öffnet und sich willentlich darauf einlässt. Ist der Sünder durch die Sünde von Gott getrennt, lebt der okkult Belastete in bewusst und willentlich vollzogener Gottesferne und öffnet sich diesen Mächten, die von ihm Besitz ergreifen. In dieser willentlichen Öffnung für den Bösen liegt der entscheidende Unterschied vom grundsätzlichen Sündersein zum bewusst praktizierenden Anhänger des Okkulten.

Der okkult Belastete braucht nicht ein qualitatives oder quantitatives Mehr an Vergebung, aber er muss den bewussten und willentlichen Entschluss fassen, sich von dem Reich der Finsternis loszusagen und sich diesen Einflüssen zu verschließen. Dazu ist zunächst die Einsicht notwendig, dass die okkulte Betätigung Sünde ist und der Vergebung durch Jesus bedarf. Des Weiteren ist der Entschluss notwendig, sich künftig nicht mehr darauf einzulassen.

In einem Seelsorgegespräch, in dem es zur Beichte kommt, wird die Sünde vor Gott und vor einem Menschen offen gelegt. Diese Offenlegung widerspricht dem Okkulten, das ja bewusst geheim gehalten sein und im Verborgenen existieren will. Mit dieser Offenlegung im seelsorgerlichen Gespräch wird die Macht des Okkulten gebrochen und der okkult Belastete kann davon befreit werden.

Des Weiteren ist eine Offenlegung auch aus einem psychologischen Moment heraus sinnvoll: wenn vor einem Menschen etwas ausgesprochen und versprochen wurde, ist die Hemmschwelle es wiederum zu tun, wesentlich größer. Das kann in positiver Weise auch eine Hilfe sein, sich nicht mehr erneut mit okkulten Dingen einzulassen.

Jedoch ist zu bedenken, dass durch ein einmaliges Gespräch oder das einmalige Aussprechen solcher Belastungen noch nicht notwendig alle Probleme, die damit zusammenhängen, aufgelöst werden oder in einem Moment wie ausradiert sind. Wird durch das lösende Wort der Vergebung die Absolution von diesen Sünden erteilt, so heißt das nicht, dass sofort auch alle Folgewirkungen ausgelöscht und behoben sind. Das Freiwerden von solchen Abhängigkeiten kann sich über einen längeren Zeitraum erstrecken, je nachdem wie intensiv und wie lang andauernd die Bindungen waren. Hier kann es notwendig werden länger begleitende seelsorgerliche Hilfe in Anspruch zu nehmen und andere Christen zu bitten, dass sie für einen um Befreiung beten[11]. Vielleicht ist so auch das Wort Jesu in Mt 17,21 zu verstehen, als seine Jünger gebeten wurden böse Geister auszutreiben und er ihnen sagte: *„Diese Geister sind nicht anders auszutreiben als durch Beten und Fasten!“*

3.1.3. Das Sich-Einlassen auf okkulte Praktiken

Zunächst ist zwischen verschiedenen Arten von okkulten Praktiken zu unterscheiden. Man spricht von schwarzer Magie im Fall von Dämonen- und Totenbeschwörungen oder um schwarze Magie bei Zauberei mit Hilfe böser Geister. Die weiße Magie dagegen versucht mit Hilfe von guten Geistern und Engeln ihre Ziele zu erreichen. In beiden Bereichen wird versucht an sich unverfügbare Mächte sich verfügbar zu machen.

Wer sich solcher magischen Methoden bedient, lässt sich auf okkulte Praktiken ein. Das geschieht aber auch durch Blut- oder Amulettverschreibungen, durch formalen oder realen Teufelsanruf, durch Teilnahme an „schwarzen Messen“ oder spiritistischen Sitzungen, in denen Tote befragt werden

Durch die Beteiligung an solchen Praktiken wird ein Einfallstor für Dämonisierungen geöffnet. Deshalb sollten sich Christen daran nicht beteiligen und Medien dieser Art nicht verwenden (Horoskope, Alphabettafeln, dementsprechende Karten usw.).

K. Heim[12] schreibt dazu: „Paulus wußte: Die Götzenbilder sind zwar an sich nichts. Sie sind stumme Idole, Klötze von Holz und Stein. Aber hinter dem lärmenden Kultus, der diesen Götzenbildern darge-

---

[11] Vgl. G. Collins, a.a.O., 214

[12] K. Heim, Das Heil der Welt. Die Botschaft der christlichen Mission und die nichtchristlichen Religionen, hrsg.v.F. Melzer, Moers 1986, 111ff.

bracht wird, steht eine unsichtbare unheimliche Macht. Die Götzenverehrung ist nicht bloß ein lächerlicher Hokuspokus. Wenn wir diesen Kultus mitmachen, so geraten wir in den Bereich von dämonischen Gewalten, die uns ekstatisch fortreißen."

3.2. Befreiung oder Heilung durch Absage an den Teufel

3.2.1. Die Absage an den Teufel bei okkulter Belastung

Nach K. Koch[13] ist die *abrenuntiatio diaboli*, die Absage an den Teufel, an okkult Belasteten keine rein dogmengeschichtliche und liturgische Frage, sondern primär eine seelsorgerliche. In seiner seelsorgerlichen Praxis verzichtete er in der allgemeinen Seelsorge auf die Absage an den Teufel. Allerdings war sie ihm in der Seelsorge an solchen, die durch okkulte Praktiken belastet[14] waren, eine Hilfe, um die Menschen aus einer Art Pakt mit dem Teufel herauszuführen. Eine Lossprechung kann zu einer bewussten Befreiung des Gewissens führen. Der Evangelist Hans Bruns formulierte für seine Seelsorgepraxis an okkult Belasteten folgende Lossagungsformel, die liturgischen Charakter hat: „Ich entsage dem Teufel und allem seinem finsteren Wesen und Werken und übergebe mich dir, dreieiniger Gott, Vater, Sohn und heiliger Geist, und will dir im Glauben und Gehorsam treu sein bis an mein Ende." In dieser Lossagung geht es aber nicht darum, dass die Radikalität und Intensität der Absage die Befreiung bewirkt, sondern die Radikalität der Zusage der Vergebung. Diese Lossagung ist nicht als ein Werk zu verstehen, das Gott dargebracht wird und die Vergebung bewirkt, sondern sie ist Ausdruck des Glaubens an den Gott, der die Sünde vergibt und den Teufel besiegt hat.

3.2.2. Unterschiedliche Aspekte der Absage an den Teufel

Drei Aspekte sind in der Absage an den Teufel zu unterscheiden[15]. Die Absage an den Teufel enthält zunächst ein psychologisches Moment: was im Verborgenen lag, *in occulto*, wird nun bewusst aufgear-

13 Vgl. K. Koch, a.a.O., 282.

14 Vgl. Riecker, s. K. Koch, a.a.O., 282: „Überall, wo magische, okkulte oder zauberhafte Handlungen vorgenommen wurden, kann auch ein offizielles Bekenntnis der Loslösung von allen dämonischen Mächten, eine Absage an den Teufel notwendig werden."

15 Vgl. K. Koch, a.a.O., 283.

beitet, indem es benannt wird und zum Vorschein kommt. Auch hier gilt, was von der Beichte schon gesagt wurde, dass das laute Aussprechen einer Lossagung vor einem Seelsorger für den betroffenen Menschen selbst eine Hilfe sein kann.

Ein weiterer Aspekt ist der theologische. Indem die Absage ausgesprochen wird, wird die Wirklichkeit der Mächte als existent anerkannt. Insofern vollzieht sich in dieser Absage eine Entmythologisierung der Mythisierung des Teufels (d.h. der Teufel wird nicht als Mythos, sondern als Realität angesehen), im Gegensatz zur Auffassung Bultmanns, der behauptet, dass durch die Absage an den Teufel dieser Mythos erst ernsthaft revitalisiert werde. Durch die bewusste Absage an den Teufel wird er gerade seines mythischen Charakters entkleidet und als furchtbare Realität erkannt und benannt: „Kein Gebiet zeigt so drastisch die Unhaltbarkeit der Bultmannschen These wie gerade die Seelsorge an okkult Behafteten. Die Bultmannsche These: »Erledigt ist durch die Kenntnis der Kräfte und Gesetze der Natur der Geister- und Dämonenglaube«, geht an der Wirklichkeit der Mächte vorbei.“[16]

Ein dritter Aspekt der Absage ist der öffentliche. Die *abrenuntiatio* im Falle von schon getauften Christen fand in der Alten Kirche — wie auch die Lossagung vom heidnischen Götzendienst der Katechumenen — in der *congregatio sanctorum* (Versammlung der Heiligen) statt und schaffte somit das Faktum der öffentlichen Lossagung und Lostrennung vom Reich der Finsternis.

3.2.3. Die Möglichkeit der *abrenuntiatio diaboli* (Absage an den Teufel)

Sie ist dann sinnvoll, wenn es vom Betroffenen selbst als eine Hilfe angesehen wird und wenn er sich selbst freiwillig dazu entscheidet. Der Seelsorger kann Hilfestellung geben und die theologischen-seelsorgerlichen Kriterien ins Gespräch einbringen, aber er darf nie den Betroffenen dazu überreden oder gar zwingen, eine Lossagung auszusprechen.

Das Argument, grundsätzlich auf eine Lossagung zu verzichten, weil somit dem Teufel dadurch erst recht Bedeutung zugemessen wird, ist insofern nicht griffig, da eine Lossagung grundsätzlich nur bei Menschen zu verantworten ist, die genau unter den Einflüssen dieser

[16] Ebd.

Mächte leiden und sich bewusst davon distanzieren wollen.

3.2.4. Die *abrenuntiatio diaboli* in der Taufpraxis

Von Anfang an war die *abrenuntiatio diaboli* in der Geschichte der Taufe umstritten. Mit dieser Art von Gelöbnis sagt sich der zu Taufende bzw. seine Eltern und Paten von dem Teufel und seinen Diensten los[17]. Diese Lossagung vom Teufel wird oft damit begründet, dass die aus dem Heidentum kommenden Täuflinge vom Dämonenkult dieser heidnischen Kulte befreit werden müssten, da der unter den Heiden praktizierte Götzendienst auch zum Bereich des Dämonischen gehört (vgl. 1Kor 10,1f, Offb 9,20).

Allerdings ist in apostolischer und nachapostolischer Zeit von keiner Ergänzung der Taufe durch eine Teufelsabsage die Rede, sondern es war die Taufe an sich, die als ein Akt der Besitzergreifung des Menschen durch den dreieinigen Gott verstanden wurde. Indem Gott das tut, müssen alle ihm widersprechenden Mächte auch weichen[18]. So gesehen ist die Taufe an sich eine Absage an den Teufel, ohne dass diese expressis verbis formuliert wird.

In dieser Weise wurde die Taufe auch im Neuen Testament praktiziert. Wo die Taufe thematisiert wird, ist von der Taufe auf den Namen Jesu oder den dreieinigen Gott die Rede, eine Absage an den Teufel wird nicht extra erwähnt, sei es bei der Taufe von Juden oder Heiden. Ebenso spricht auch der Taufbefehl in Mt 28,19 „nur" von der Taufe auf den Namen des Vaters, des Sohnes und des Heiligen Geistes und nicht von einer damit einhergehenden besonderen Teufelsabsage.

3.2.5. Die *abrenuntiatio diaboli* anlässlich der Taufe von Menschen, die sich mit okkulten Dingen eingelassen haben oder bei deren Kindern

Werden Kinder getauft von Eltern, die sich mit okkulten Mächten eingelassen haben und dabei auch die Kinder miteinbezogen, so gilt auch hier, dass die Taufe an sich schon eine Machtergreifung Gottes über das Kind darstellt, die keine anderen Mächte mehr zulässt. Dadurch dass über dem Getauften der Namen des dreieinigen Gottes ausgerufen wird, geschieht das. Ein „Mehr" gibt es nicht.

---

[17] Der Schriftbeweis wird in Mt 25,41, Joh 12, 31, Eph 6,11f, 1Joh 2,13 und 5,19 gesehen.

[18] Vgl. J.C. Blumhardt, Über die Taufe, Das kraftvolle Bundeszeichen, Metzingen 2000.

Die *abrenuntiatio diaboli* wie sie in der lutherischen Agende in Württemberg üblich war, indem den Eltern und Taufpaten die Frage gestellt wurde: „Widersagt ihr dem Teufel und all seinem Werk und Wesen?“, setzt nicht grundsätzlich voraus, dass der Täufling bis zur Taufe in der Gewalt des Teufels war. Diese Frage hatte eher paränetischen Charakter, sie will davor warnen und mahnen, sich als Eltern und Paten mit dem Teufel oder sonstigen Werken der Finsternis in Zukunft einzulassen. Bei Eltern und Paten, die sich solchen Mächten geöffnet haben, verlangt diese Frage natürlich das Versprechen ab, mit der Taufe ihrer Kinder sich nun davon bewusst zu distanzieren und alle Verbindungen in dieser Hinsicht radikal abzubrechen. Denn es ist nicht möglich, das Versprechen abzulegen, das Kind im christlichen Glauben zu erziehen, gleichzeitig aber mit den Mächten der Finsternis in Verbindung zu stehen. Das schließt sich gegenseitig aus. Mit der Taufe gehören wir in das Reich des Lichts und sind so *per definitionem* Feinde des Reichs der Finsternis.

3.3. Heilung durch Exorzismus

3.3.1. Was heißt Exorzismus?

Exorzismus[19] heißt „herausschwören“ und wird speziell gebraucht für die Vertreibung dämonischer Mächte. Der Exorzist bedient sich bestimmter Worte, Geräte und Gesten. Ursprünglich kommt der Exorzismus vor allem in den Schamanenreligionen vor.

3.3.2. Jesus als Exorzist

In Mk 5,1ff verhält sich Jesus als Exorzist in dem Sinn, dass er den hier auftretenden Dämon austreibt. In dieser Begegnung mit den Dämonen will uns Jesus keine Lehre über sie vermitteln, sondern zeigen, dass es sich dabei um reale Mächte handelt, die sein konkretes und machtvolles Handeln erfordern.

Wenn Jesus den Besessenen heilt und den Dämon vertreibt, dann geschieht das nicht mit mysteriösen Ritualen und Formeln, sondern mit einem einfachen Befehlswort, das ihm als Messias eigen ist und dessen Wirkkraft ihn als Messias offenbart. Als dieser ist er gekommen die Werke des Teufels zu zerstören (1Joh 3,8), die Menschen aus der *civitas diaboli* (Reich des Teufels) in die *civitas dei* (Reich Gottes) zu

[19] Vgl. C.H. Ratschow, Art. Exorzismus, in: RGG[3] Bd. 2, 832ff.

versetzen. Das geschieht hier. Wo das Reich Gottes hinkommt, da muss der Satan weichen. Der Kampf geht dabei nicht unentschieden aus. Bei den Dämonenaustreibungen liegt der Akzent auf dem besiegten Teufel. Nicht auf dem Vorgang des Exorzismus an sich. Es ist bei Jesus von keiner Beschwörung oder sonstigen Handlungen, die den Exorzismus begleiten, die Rede. Es ist das bloße Befehlswort, dem die Geister weichen müssen.
Es stellt sich die Frage, ob sich dieses exorzistische Handeln von Jesus direkt auf uns Christen übertragen lässt oder ob es sich bei dem Auftreten von Jesus eben um ein „hagiologisches", d.h. heilsgeschichtliches Wirken handelt, das an die Person Jesu als dem Messias gebunden und damit einmalig ist?

3.3.3. Exorzismus bei den Aposteln

Diese Vermutung verstärkt sich, wenn wir das Phänomen des Exorzismus bei den Aposteln anschauen. Nur selten kommt es überhaupt noch vor. In Apg 16,16ff befiehlt Paulus dem Wahrsagegeist die Magd zu verlassen. In Apg 19,13 wird von Juden berichtet, die im Namen Jesu böse Geister austreiben wollten. Letztere aber siegten über diejenigen, die sie austreiben wollten. Lukas begründet es damit, dass diese Juden den Namen Jesu verwendet haben, ohne selbst an ihn zu glauben.

3.3.4. Der Exorzismus und die kirchliche Praxis im ökumenischen Vergleich

Die katholische Kirche übt den Exorzismus aus und beruft sich dabei auf Mk 16,17 und Mt 10,8 (*„treibt böse Geister aus"). * Die liturgische Form besteht aus Kreuzeszeichen, Handauflegung und Schriftlesungen, des Weiteren gehören Gebete, Beschwörungen, Drohung und Verwünschungen dazu.
Schon seit dem 3. Jahrhundert ist der Exorzismus im Rahmen der Taufe nachweisbar; entsprechend seiner Herkunft aus dem Katechumenat gewinnt er bei der Erwachsenentaufe besondere Bedeutung und soll die hemmenden Einflüsse des Teufels in bezug auf die Taufe abwehren (vgl. *abrenuntiatio diaboli*). Bei erwiesener Besessenheit hat das *Rituale Romanum* den großen Exorzismus vorgesehen. Des Weiteren gibt es den kleinen Exorzismus, in welchem Nahrungsmittel wie Wasser, Öl und Salz aber auch Tiere exorzisiert werden können. Diese Verfahren sollen dem Menschen helfen von den dämonischen Wirkungen der gefallenen Schöpfung befreit zu werden.

Die lutherische Kirche hat gemäß Luthers Taufbüchlein den „Exorzismus“ bis ins 18. Jahrhundert festgehalten und zwar bei der Taufe in der Form der *abrenuntiatio diaboli*, wodurch man sich zur Taufe als radikalem Existenzwandel – von der Finsternis zum Licht — bekannte.

3.3.5. Der Umgang mit Exorzismus in der Seelsorge heute

Der Umgang mit der Vorstellung von Besessenheit und der Befreiung davon, dem sogenannten Befreiungsdienst oder Exorzismus, bewegt sich zwischen zwei Polen:

Zum einen wird behauptet der Exorzismus gehöre zum Weltbild der Antike; mit diesem sei auch jener für uns heute überholt. Die Wiederbelebung solcher Praktiken unter Berufung auf die Exorzismen Jesu und seiner Nachfolger wäre demnach ein Anachronismus. Der Exorzismus sei auch theologisch nicht geboten, da die Exorzismusheilungen des Neuen Testaments niemals Selbstzweck, sondern immer nur ‚Symbolhandlungen‘ und Veranschaulichung gewesen wären[20]. Dementsprechend wird Besessenheit wie sie im Neuen Testament vorkommt nur als Ausdruck für seelische Belastungen und Krankheiten verstanden.

Zum andern gibt es eine Seelsorge[21], die hinter jedem Problem, das in der Seelsorge auftaucht, den Teufel persönlich oder zumindest dämonische Mächte am Werk sieht. Diese Probleme können geistlicher, psychischer oder organischer Art sein; aber es können auch zwischenmenschliche Konflikte oder auch Schwierigkeiten mit der eigenen Persönlichkeit sein. Sofort versucht solche Seelsorge einen Dämon, der hinter der jeweiligen Problematik vermutet wird, zu benennen und ihn durch Gebet oder Beschwörungen auszutreiben. Zu schnell greifen hier manche Seelsorger auch zu Exorzismen, weniger mit dem Erfolg, dass das Problem behoben ist, sondern vor allem mit dem Ergebnis, dass alle daran Beteiligten seelisch erschöpft und verwirrt sind.

Die Eindeutigkeit, das teuflische Mächte am Werk sind, wird schnell festgestellt, okkulte Belastung oder Besessenheit unterstellt und de-

---

20 So O. Böcher, Art. Exorzismus, in: TRE Bd. 10, 750.

21 G. Collins, a.a.O., 217, erwähnt hier einen amerikanischen Missionar, der zuerst auf den Philippinen und jetzt als Gemeindepfarrer in Kanada tätig war, der hinter jedem in der Gemeinde auftauchenden Problem einen Dämon am Werke sieht und dann auch dementsprechende Maßnahmen ergreift.

mentprechend dagegen vorgegangen, ohne dass alle anderen Erklärungen und Deutemöglichkeiten aufgetretener Krankheitsbilder ausgeschöpft werden. Dabei wird nahezu eine messianische und damit einzigartige Wahrnehmungs- und Erkenntnisfähigkeit bezüglich dämonischer Mächte bzw. Besessenheit in Anspruch genommen. Aber diese ist uns Christen so nicht verheißen und gegeben, sondern sie ist an die Person Jesu gebunden: Jesus allein als der Messias hat hier eine einzigartige Position und Erkenntnis. Sofort erkennt er die Krankheit entweder als Besessenheit (Mk 5) oder aber als natürliche Folge des Sündenfalls (z.B. Mt 20,29ff); oder als eine Krankheit, die zur Verherrlichung seines Vaters dienen soll (vgl. Joh 9).

3.4. Konsequenzen für die Seelsorge

Was den Exorzismus anbelangt, so ist es für den christlichen Seelsorger äußerst wichtig ihn sehr differenziert (falls überhaupt) zu gebrauchen. Hier gelten in besonderem Maße die oben genannten Vorgehensweisen der Diagnose. Eine grundsätzliche Hilfe, die davor bewahrt, zu schnell den Teufel am Werk zu sehen, ist die Vorgehensweise, dass das aufgetretene Problem zunächst einmal von seiner psychischen oder organischen Seite her gesehen wird. Dann sind Lösungen anzustreben, in denen einerseits sehr wohl mit der Hilfe des Heiligen Geistes gerechnet wird, aber andererseits auch die Bemühungen der einzelnen Personen selbst nach Veränderung und Erneuerung anvisiert werden. Es ist einfacher, einen Konflikt durch eine Beschwörung des Bösen aus dem Weg räumen zu wollen, als die eigene Verantwortung darin zu entdecken. Denn das hieße immer auch, sich selber schuldig sehen vor anderen Menschen und vor Gott. Es bedeutet zudem Arbeit an sich selber, und den eigenen Schwächen, die einen Konflikt vielleicht überhaupt erst hervorgerufen haben oder zumindest mitbegünstigen. Die Arbeit an sich selbst, die auch mit Veränderungen der eigenen Persönlichkeit zu tun hat, ist wesentlich anstrengender und langwieriger als durch einen Exorzismus den Bösen als den Verursacher eines Problems zu vertreiben, während der betroffene Mensch dabei bleiben kann, wie er ist. Wobei aber – wie aufgezeigt – auch der Fall echter Besessenheit nicht ausgeschlossen werden darf. In letzterem muss dann der Kampf dementsprechend aufgenommen werden.

Das seelsorgerliche Gespräch mit der Möglichkeit zur Beichte kann in diesem Fall eine große Hilfe sein. Damit der Zuspruch und die Vergebung auch spürbar und erfahrbar werden, kann in solch einem Gespräch ein Gebet mit Handauflegung oder eine Segnung mit Segnungsgebärde geboten und sinnvoll sein. Dies im Sinne eines das Wort begleitenden Zeichens. Den Erfahrungen und Praktiken im okkulten Bereich wird damit eine Erfahrung im Bereich des christlichen Glaubens entgegengesetzt, was aus seelsorgerlichen Gründen geboten sein kann.

4. Ein biblischer Ansatz im Umgang mit Exorzismus bei J.C. Blumhardt

In der Zeit nach der Aufklärung ist es im evangelischen Raum vor allem Johann Christoph Blumhardt (1805 – 1880), der zum Umgang mit den Mächten in der Seelsorge befragt werden kann. Mit seinem Namen verbindet sich die „hagiologische Siegesgewissheit, wie man ihr in der Neuzeit nur ganz ausnahmsweise begegnet.“[22]
J.C. Blumhardt gilt als herausragende Gestalt im Protestantismus des 19. Jahrhunderts. Er war zunächst Pfarrer in Möttlingen, danach Vorsteher und Seelsorger des Kurhauses in Bad Boll. In seiner seelsorgerlichen Arbeit wurde er auch von Menschen aufgesucht, die durch böse Mächte belastet waren. Der Aufklärungsskepsis entsprechend misstrauisch waren ihm und seinen Erfahrungen gegenüber seine Zeitgenossen, so dass er einmal bekannte: „Allein, allein stehe ich. Kein Mensch begreift mich und meine Erfahrungen.“[23] Äußerst kritisch war seine Rezeption auch seitens der Theologen des 20. Jahrhunderts wie z.B. Rudolf Bultmann, der beteuerte, die Blumhardtschen Geschichten seien ihm ein Gräuel[24].
Als schlichtem Pfarrer und Seelsorger begegneten Blumhardt in Möttlingen mitten in seiner Gemeindetätigkeit außergewöhnliche Ereignisse. Ohne dass er es wollte oder suchte, wurde er in einen Kampf mit den Mächten verwickelt, in dem es um Leben und Tod ging und der seinen ganzen Einsatz forderte.
Eindrucksvoll schildert er die Krankheitsgeschichte der Gottliebin

22 W. Nigg, a.a.O., 157.
23 W. Nigg, a.a.O., 155.
24 Vgl. R. Bultmann, Neues Testament und Mythologie. Das Problem der Entmythologisierung der neutestamentlichen Verkündigung, in: H. W. Bartsch (Hrsg.), Kerygma und Mythos. Ein theologisches Gespräch Bd. 1, Hamburg 1948, 150.

Dittus in einem Bericht, den die Kirchenleitung verlangte. Er beschreibt darin den zwei Jahre andauernden Kampf mit den feindlichen Mächten, die ihm in der Person der Gottliebin Dittus entgegentraten. Es dauerte lange und bedurfte intensiver Vorbereitung und Begleitung bis er sich sicher war, dass er es im Fall der Gottliebin Dittus mit Phänomenen zu tun hatte, die nicht mehr mit psychischen Erkrankungen zu erklären waren. Nach zwei Jahren der seelsorgerlichen Begleitung und der Prüfung war er sich sicher, dass hier dämonische Mächte im Hintergrund standen und dass er diesen Mächten im Namen Jesu gebieten solle, auszufahren. Er vollzog diese Lossprechung mit dem Ergebnis, dass Gottliebin Dittus geheilt und ein anderer Mensch wurde. In der Folge dieses Sieges in der Seelsorge Blumhardts wurde das ganze Dorf zur Umkehr bewegt. Gottliebin Dittus selbst wurde Jahre später im Kurhaus in Bad Boll zu einer seiner engsten Mitarbeiterinnen.

Schon zu Lebzeiten musste sich Blumhardt für diese Tat vor Kollegen, Medizinern und anderen kritischen Zeitgenossen verantworten.

Eine sehr breite Palette unterschiedlichster Deutungen dieser Ereignisse in Möttlingen entstanden und entstehen noch. Der Arzt Viktor von Weizsäcker schrieb über diesen Fall im Rahmen seiner medizinischer Erklärungsmöglichkeiten: „Dieses Mädchen würde die heutige Medizin als einen Fall schwerster Hysterie buchen. Die Auflösung bedeutet einen Sieg Blumhardts über die Hysterie.“[25]

Ebenso kritisch sieht auch Joachim Scharfenberg in seinem psychotherapeutischen Seelsorgeverständnis die Heilung der Gottliebin Dittus. Blumhardt habe dieser Frau geholfen sprachfähig zu werden, das sei seine große Leistung gewesen. Blumhardt war seiner Meinung ein therapeutischer Sprachhelfer, der der Sache nach vollzog, was in der Psychotherapie einhundert Jahre später offiziell und benannt wurde, nur dass Blumhardt die Begrifflichkeit dafür fehlte[26]. Von einem Sieg Jesu über den Teufel, wie der Theologe und Seelsorger Blumhardt selbst dieses Ereignis deutete, ist hier nicht die Rede, weil es diese Mächte so nicht geben darf.

Blumhardt wurde von seinem Sohn dagegen mit den Worten charakterisiert: „Immer aber war etwas von dem zu fühlen, was Jesus Christus

---

25 Vgl. E. Michaelis, Geisterreich und Geistermacht, 1949, 23.

26 Vgl. F. Wintzer (Hrsg.), Seelsorge, Texte zum gewandelten Verständnis und zur Praxis der Seelsorge in der Neuzeit, München 1978, 185ff.

ist, der gekommen ist, die Werke des Teufels zu zerstören."[27]

4.1. Kritische Würdigung

1. Blumhardt hat sich den Kampf mit den Mächten nicht ausgesucht oder aus Neugierde bzw. eigenem Antrieb heraus aufgenommen, sondern wurde zunächst einfach damit konfrontiert. In dieser Konfrontation erkannte er seine geistliche Berufung, Menschen mit Belastungen dieser Art zu helfen. Vor diese Aufgabe gestellt und von Gott dazu befähigt, wusste er aber, dass dieser Kampf mit den Mächten, in dem es um Leben und Tod geht, nur in der Gewissheit und der Kraft des Sieges Christi über diese Mächte aufgenommen werden kann, nicht von sich und aus eigener Kraft heraus.
2. Es brauchte bei Blumhardt zwei Jahre, bis er die Gewissheit hatte, dass er es im Fall der Gottliebin Dittus mit Mächten zu tun hat, die nicht „aus Fleisch und Blut" sind. Dazu benötigte er die geistliche Unterstützung von anderen Christen, die ihm beistanden und halfen, dieses Phänomen auch als solches zu klassifizieren. Vorschnelles Damönisieren von Phänomenen, die auf Besessenheit schließen könnten, lehnte er als ungeistlich und unbiblisch ab. Blumhardt ging daher sehr differenziert vor. Er hielt daran fest, dass es nur die letzte mögliche Deutung ist, anzunehmen, dass ein Mensch von dämonischen Mächten besetzt ist, vorher müssen erst alle anderen Erklärungsmöglichkeiten ausgeschlossen werden.
3. An Blumhardt wird deutlich, dass es nicht um den Exorzismus an sich mit bestimmten Formeln und Riten geht. Es geht auch nicht darum, die Existenz solcher Mächte zu beweisen, sondern allein darum, den Sieg Jesu Christi konkret in diese Situation hinein zu verkündigen und demonstrativ das wirkmächtige Wort des Evangeliums gegen diese Mächte zu stellen: „Jesus ist Sieger!" Folge dieses Sieges ist immer die Umkehr.

Das Blumhardtsche Handeln zeigt, dass er als aufgeklärter evangelischer Theologe mit der realen Existenz der Mächte rechnete und sie nicht ins Reich des Mythologischen abschieben konnte. Am Ende dieses Kampfes stand nicht die Angst vor diesen Mächten, sondern die Gewissheit des Sieges Jesu Christi über Tod und Teufel.

In der theologischen Reflexion und seelsorgerlichen Veranwortung kann ein christlicher Seelsorger den Kampf mit den Mächten aufneh-

[27] Vgl. R. Bohren, Predigtlehre, Gütersloh ^{6}1993, 314.

men, immer dann und immer dort, wenn bzw. wo er von Gott für diese Aufgabe beauftragt und ausgestattet wird.
Grundsätzlich gilt in der Seelsorge „Ein Wörtlein kann ihn [den Teufel] fällen!“; und zwar wann und wo auch immer die Seelsorge dieses Wort des Evangeliums, das bindet und löst, ausrichtet. So verstanden ist Seelsorge immer als das Werk der „Austreibung der Dämonen“ und der Aufrichtung der großen Hoffnung auf den endgültigen Sieg Jesu Christi zu verstehen[28]. Dennoch kann es sein, dass der eine oder andere Seelsorger in besonderer Weise dazu berufen wird, diesen Mächten im konkreten Einzelfall entgegenzutreten.

[28] Vgl. E. Thurneysen, Die Lehre von der Seelsorge, 1946, 294ff.